"Vida Ocupada / Muerte Lenta"

Frankenstein, The Matrix y la astilla en el cerebro.

Jorge Méndez Hassey

ÍNDICE

INTRODUCCIÓN
- **La tesis del monstruo:** Por qué nos sentimos mal en el paraíso tecnológico.

PARTE I: EL IMPERIO DE LOS SIMULACROS
(El diagnóstico: Matrix y el error posmoderno)
- **Capítulo 1:** La astilla en la mente (El síntoma del vacío).
- **Capítulo 2:** El mapa no es el territorio (El efecto Baudrillard y la hiperrealidad).
- **Capítulo 3:** La deconstrucción de la nada (Por qué el posmodernismo falló).
- **Capítulo 4:** Infección Cultural (Teoría, ideología y la negación de la biología).
- **Capítulo 5:** El Muro de la Realidad (El choque contra lo que no es un constructo social).

PARTE II: EL MONSTRUO DE FRANKENSTEIN
(La causa: Biología vs. Cultura)
- **Capítulo 6:** El animal obsoleto (Evolución lenta en un mundo rápido).
- **Capítulo 7:** Arquitectos de Sombras (De la Caverna de Platón a la Nube).
- **Capítulo 8:** El Reino de las No-Cosas (Byung-Chul Han y la pérdida de lo tangible).
- **Capítulo 9:** La Trampa Cartesiana (El error de separar mente y cuerpo).
- **Capítulo 10:** Perdidos en el laberinto (Desorientación existencial).

PARTE III: LA RUEDA DE SÍSIFO DIGITAL
(El mecanismo de defensa: Ocupación y Tecnología)
- **Capítulo 11:** La Tiranía del Reloj (Glorificación del "Busy Life").
- **Capítulo 12:** Dioses de Silicio (La obsesión con la IA y el olvido de la carne).
- **Capítulo 13:** Depredación Cultural (Capitalismo caníbal y Burnout).
- **Capítulo 14:** Soy Dinamita (Nietzsche y la demolición necesaria).

PARTE IV: LOS DESPIERTOS
(La reconstrucción: Hacia una existencia lúcida)
- **Capítulo 15:** La Mañana Después de la Explosión (Aceptar el silencio y la falta de guion cósmico).
- **Capítulo 16:** El Retorno al Cuerpo (La verdad biológica: sin alma, pero con dignidad).
- **Capítulo 17:** La Ética del Náufrago (El principio radical de No-Daño).
- **Capítulo 18:** Ocupar el Mundo (Wu Wei, acción lúcida y creación de sentido propio).
- **Capítulo 19:** Manifiesto para una Muerte Lenta (pero Vivida) (Conclusión: Vivir sin mentiras).

INTRODUCCIÓN

La tesis del monstruo: Por qué nos sentimos mal en el paraíso tecnológico.

(Vida ocupada vs. Vida lúcida)

Puedes llevar una vida ocupada. Llenarla de trabajo, de pendientes, de ruido. Y precisamente por eso, puedes pasar años sin sentir el verdadero peso de la existencia. Pero si por un segundo te tomaras el tiempo, si de verdad respiraras, te darías cuenta de que hay algo mal. Un zumbido constante. Un vacío. Es como esa sensación que describe Morpheus en la película *The Matrix*: **una astilla en la mente.**

Ese vacío no es un error del sistema. Ese vacío es la existencia misma.

El problema real —y la tesis central de este libro— es que somos una especie fuera de lo común atrapada en un desfase cronológico. Hemos evolucionado de dos maneras distintas y a velocidades opuestas:

1. La Evolución Biológica:

Es un cambio lento, geológico. Un proceso de cientos de miles de años que avanza a base de prueba y error, dejando morir a los fallos y premiando sus propios logros. La selección natural se toma su tiempo. El Homo sapiens, una de sus creaciones más espectaculares gracias a su potencia cerebral, sigue siendo biológicamente un cazador-recolector.

2. La Evolución Cultural:

Aquí es donde rompimos el reloj. Gracias a ese cerebro, decidimos no esperar a la biología y creamos la cultura. La cultura tiene la capacidad de cambiar, mutar o ser eliminada en el instante mismo en que es creada. No hay espera.

Imagina un grupo de cazadores hace 100,000 años, sentados alrededor del fuego, descansando tras un largo día de supervivencia. Uno de ellos empieza a tararear un ritmo. El que está a su lado lo imita, pero cambia una nota o el patrón de la melodía —quizás sin saberlo, quizás sin quererlo— y *voilà*: ya hay un cambio. Si el nuevo patrón gusta, lo repiten. Si aburre, lo olvidan al amanecer. Lo que aporta valor, entretenimiento o emoción, permanece y se archiva en la memoria colectiva de la especie.

El conflicto moderno, el que vamos a atacar en estas páginas, es que **la evolución cultural sobrepasó, por mucho, nuestras propias capacidades biológicas.**

Es como si hubiéramos creado un monstruo. Imagina al Doctor Frankenstein. Nosotros somos el doctor y la cultura es la criatura. Ese monstruo nos rebasó en capacidad y fuerza, y ahora nos arrastra. Como bien dijo el biólogo Edward O. Wilson: *"El verdadero problema de la humanidad es que tenemos emociones paleolíticas, instituciones medievales y tecnología divina".*

Hemos creado tanto que ya no sabemos qué comer, qué consumir, ni cómo vivir.

Entrar a Netflix es entrar al laberinto del Minotauro: pasas horas revisando títulos, leyendo sinopsis, viendo tráilers, y a menudo terminas no viendo nada, vencido por el cansancio de elegir. Te metes a Spotify y pueden pasar días enteros hasta que encuentras algo que realmente te conecte.

Tenemos tantas opciones que perdimos la capacidad de atención. Nos ganó nuestra propia invención.

¿Quieres pedir comida a casa? Horas comparando menús, precios y tiempos de entrega.

¿Quieres comprar unos tenis? ¿Qué haces? ¿Los pides online o vas al centro comercial? Cualquiera que sea tu decisión, te enfrentarás al ritual del agotamiento: revisar colores, formas, tecnologías de suela, reseñas de desconocidos, hasta encontrar "los indicados". Y puede ser que, cuando lleguen, no te queden o no te gusten.

Entonces empieza la burocracia de la existencia moderna: devuélvelos, ve a la paquetería, haz fila, imprime la etiqueta, guarda el número de rastreo, revisa el estatus en la app, espera el correo de confirmación: "Reembolso aprobado". Genial. Y ahora empiezas desde cero, una vez más, en el laberinto.

Irónicamente, tener tantas opciones le quita valor a nuestro más preciado recurso: el tiempo.

El psicólogo Barry Schwartz lo llama "La Paradoja de la Elección": la abundancia de opciones no nos hace más libres, nos paraliza. Ya no te puedes dar el lujo de tener el tiempo necesario para decidir, así que vives de prisa.

Corremos de la casa al gimnasio, del gimnasio a la oficina, de la oficina a la fonda, de regreso al escritorio. Luego al coche o al transporte público —inseguridad, olores, tráfico—. Llegas a casa, tarde y drenado, para intentar conectar con la familia o echar unos tragos con los amigos. Y al final, a la cama. Pero no a dormir, sino a revisar el *scroll* infinito de Instagram, a perder el tiempo viendo estupideces en TikTok o a hacer corajes porque el banco no te ha devuelto el dinero de los tenis.

Ah, y por cierto: sigues necesitando esos tenis. No para correr, sino para validarte en el gimnasio, para sentir que traes lo que todos están comprando. Ahora sí, intenta dormir, con ansiedad, preocupación y un cansancio que no se quita durmiendo.

¿Y mañana?

Lo mismo. Hasta morir.

Eso no es vida. O por lo menos, no debería serlo.

Vivimos de prisa y eternamente ocupados para ocultar muy bien la realidad: nos da pavor no tener sentido.

Preferimos un sentido falso antes que el silencio de la realidad.

Preferimos un dios apócrifo antes que el silencio cósmico.

El silencio nos mata, y por eso inventamos esta manera de vivir: atrapados en la ansiedad de nuestra propia invención.

Para calmar esa ansia, como decía Albert Camus, rodamos la piedra como Sísifo. Inventamos trabajos innecesarios, hobbies obligatorios; nos ocupamos tanto que logramos, por momentos, olvidarnos de la realidad.

Sísifo es el espejo de nuestra propia condena: empujamos la piedra para no escuchar el silencio del vacío. Los dioses lo castigaron a la repetición eterna, pero en ese absurdo, Camus encuentra la rebelión. La piedra solo pesa mientras intentas negarla; al aceptar que la vida es ese esfuerzo inútil y constante, dejamos de ser esclavos del destino para ser dueños de nuestra propia angustia.

Pero queda un grupo pequeño de individuos. Esos que tomaron la píldora roja que ofrece Morpheus. Ellos no han sido tocados por ninguna divinidad ni son elegidos; simplemente, por mera circunstancia o accidente, lograron ver el vacío. Lograron sentir el ansia y no correr. Y desde el fondo de sus pulmones, tratan de alertarnos con una verdad que tiene 2,500 años y que, al parecer, son palabras textuales de Buda:

¡Cuidado, la vida es sufrimiento!

Y solo aceptándolo, podemos empezar a vivirla de verdad.

PARTE I:

EL IMPERIO

DE LOS SIMULACROS

CAPÍTULO 1

LA ASTILLA EN LA MENTE

(El síntoma del vacío)

Domingo por la noche. El momento más peligroso de la semana.

El fin de semana se ha evaporado y sigues ahí, cansada, hundida en la cama. Tienes el teléfono en la mano, brillando contra tu cara. Enfrente, la televisión encendida muestra uno de esos menús eternos de Disney Plus donde navegas, subes, bajas, pero ya no hay nada que ver. Solo imágenes que pasan sin que ninguna te detenga.

Escuchas el *ping* de las notificaciones. Mensajes de WhatsApp que se acumulan. ¿Será tu novio? ¿Tu mamá? ¿Esa amiga que siempre tiene un drama nuevo? Decides esperar. No tienes fuerza para ser social.

En el fondo de tu existencia —y de tu departamento— suena una música lejana. Tal vez dejaste la bocina inteligente prendida, o quizás es el vecino que decidió que el domingo es buen día para la fiesta. Afuera, la ciudad respira con dificultad: pasan coches rápidos, el aullido de una ambulancia que se aleja. Desde un poste de luz chueco, tapizado de cables negros y cajas de internet, una paloma gorjea fuera de hora. Unas bicicletas pasan rozando el asfalto.

Más notificaciones. Ping. Ping.

Cierras los ojos. Intentas hacer lo que te dijeron que hicieras. Tratas de concentrarte en ti misma, en tu "silencio interior". Empiezas a recitarte esos mantras que leíste en el bestseller de autoayuda que compraste en el aeropuerto.

"Soy abundancia. Soy paz. Soy luz."

No sirven de absolutamente nada.

Tratas de "manifestar" paz interior, como si fuera un pedido de Amazon, pero tampoco funciona. Recuerdas lo que dijo la coach en la clase de yoga, algo sobre soltar y fluir, pero ahora, en tu cama, a solas con el techo y con el mundo, sus palabras suenan huecas. No hacen sentido.

De repente, sientes un impulso eléctrico: se te ocurre comprar algo. Unos audífonos nuevos, una crema, lo que sea. Te detienes con el dedo sobre la pantalla y te asombras de ti misma: tu primera reacción instintiva ante el vacío existencial ha sido entrar a una tienda digital.

¿Te digo algo?

Si llevas esta vida, eres estadísticamente muy afortunada. Tienes techo, tienes internet, tienes Disney Plus y tienes crédito en el teléfono. Lo más seguro es que no necesites nada. Físicamente, no te hace falta nada.

Y, sin embargo, estás rota.

No encuentras esa paz de la que todos los *coaches* esotéricos hablan en sus reels de Instagram. La sesión de "cuencos tibetanos" del jueves no sirvió. Gritar y llorar en la clase de "respiración holotrópica" no te liberó de nada; solo te dejó dolor de cabeza. Hace dos meses te sentaste a "manifestar" una promoción en el trabajo, visualizándola con fuerza, y no ha pasado nada.

Al contrario: necesitas más dinero. Ya no te está alcanzando. Entras a la app del banco y ves que debes la tarjeta de crédito. Pero eres la primera en llegar a la oficina y la última en irse. ¿Cómo puede ser eso? La ecuación no cierra. Trabajas más, ganas menos, debes más y te sientes peor.

No hace sentido.

Y ahí, justo en ese instante de frustración en la penumbra del domingo, es donde debemos abrir los ojos y admitir la verdad brutal:

Nada de lo que hacemos hace sentido.

¿Sabes por qué?

Primero, porque como veremos más adelante, el "sentido humano" no existe per se; es una construcción que se nos ha caído a pedazos.

Y segundo, porque el sentido que estás persiguiendo —el del éxito, el de la paz comprada, el de la espiritualidad de fin de semana— no te llena porque está diseñado para vaciarte.

Eres una prueba viviente de la angustia existencial.

Así lo sientes. Como lo describía Morpheus: una astilla en el cerebro. Algo no cuadra. No sabes qué es, no puedes explicarlo con palabras, pero sabes que lo sientes. Es una incomodidad física, un zumbido detrás de los ojos.

Estás a punto de tocar esa verdad... y entonces suena el teléfono.

Una llamada real, no un mensaje. El ruido rompe la epifanía. Olvidas tus pensamientos profundos, cortas el hilo de tus ideas y contestas, asustada de que sea una emergencia.

—*Buenas noches, le llamamos del banco para ofrecerle una cuenta de ahorros preferencial...*

Cuelgas.

Nada más irónico. Te ofrecen ahorrar futuro cuando ni siquiera puedes soportar tu presente.

CAPÍTULO 2

EL MAPA NO ES EL TERRITORIO

(El efecto Baudrillard y la hiperrealidad)

Durante cientos de miles de años, la vida humana fue aburridamente similar. Te despertabas, cazabas o cultivabas, comías, mirabas el fuego y te dormías. El tiempo era circular, marcado por las estaciones. Pero de pronto, en un parpadeo cósmico —apenas unos siglos—, todo cambió.

Alguien encendió una máquina de vapor en Gran Bretaña y la realidad se rompió.

El Acelerador de Partículas Histórico

La **Revolución Industrial** no fue solo un cambio de herramientas; fue un trasplante de órganos a la civilización. Pasamos de lo agrario a lo mecánico, del sol al reloj de la fábrica, del silencio al ruido del pistón. Surgieron las clases sociales que hoy conocemos —la burguesía y el proletariado— y el éxodo masivo del campo a la ciudad. Nos amontonamos. Cambiamos el ritmo biológico por el ritmo de la producción en masa. Fue la primera vez que la cultura (el monstruo de Frankenstein) empezó a correr más rápido que nuestras piernas.

Pero eso fue solo el calentamiento.

A mediados del siglo XX, soltamos el freno de mano. Llegó la **Revolución Digital**. Pasamos de los átomos a los bits. Del vapor al silicio. Inventamos el transistor, luego Internet, luego la Inteligencia Artificial. En cuestión de décadas, creamos una economía basada en datos, en nubes invisibles y en conexiones instantáneas.

¿El resultado lógico de tanta velocidad? **Nos partimos en dos.**

El humano dejó de habitar un solo espacio. Ahora, estamos condenados a vivir con un pie en cada lado de la grieta:

1. **El Mundo Real** (el territorio).

2. **El Mundo Digital** (el mapa).

Y aquí es donde entra el filósofo francés Jean Baudrillard para explicarnos por qué nos sentimos tan perdidos.

Las 4 Fases del Simulacro

Baudrillard nos advirtió que nuestra cultura iría reemplazando la realidad con símbolos hasta que la realidad desapareciera por completo. Él categorizó este descenso a la locura en cuatro etapas. Vamos a traducirlas al idioma de Instagram:

1. **El reflejo fiel de la realidad:** Te tomas una foto tal cual eres, sin filtros, con la luz que hay. Es un espejo. (Esto casi ya no existe).

2. **El enmascaramiento de la realidad profunda:** Usas un filtro, buscas el "lado bueno", ocultas la espinilla o las ojeras. La foto sigue siendo tú, pero una versión mentirosa.

3. **El enmascaramiento de la ausencia de realidad:** Aquí la cosa se pone oscura. Es el influencer sonriendo en la playa con un coco, vendiendo felicidad absoluta, cuando en realidad está deprimido y debe la tarjeta de crédito. La imagen oculta el hecho de que *no hay felicidad*, solo actuación.

4. **El simulacro puro (Hiperrealidad):** La imagen ya no tiene relación con ninguna realidad. Es el filtro de IA que te cambia la cara por completo, o la influencer generada por computadora que no existe pero tiene millones de seguidores.

Baudrillard murió antes de ver TikTok, pero profetizó exactamente lo que vivimos hoy: la **Hiperrealidad**. Un estado donde el mapa (lo digital) es más importante, más brillante y más deseable que el territorio (lo real).

La Tragedia de los Dos Juanes

Para entender el costo psicológico de esto, dejemos la teoría y miremos a Juan. Porque ya no existe una persona llamada Juan. Ahora existen dos.

1. El Juan Real: Este Juan vive en el territorio. Se despierta cansado, tiene mal aliento por las mañanas, viaja en transporte público apretado, su jefe le grita y a veces cena atún de lata porque no le alcanzó para más. Tiene compromisos aburridos, le duele la espalda y su vida es, en su mayoría, rutina gris.

2. El Juan de la Hiperrealidad: Este es el avatar digital. Vive en el mapa. Este Juan postea fotos de la única vez al año que fue a un restaurante caro (haciendo parecer que va siempre). Comparte frases estoicas que no practica. Retoca sus fotos para verse más musculoso. Pero lo peor no es lo que postea, sino lo que *consume*. El Juan Digital envidia la hiperrealidad de los demás. Quiere viajar a Bali no porque su biología se lo pida, sino porque vio a otros avatares haciéndolo. Desea unos tenis de 5,000 pesos no para caminar, sino para adornar su avatar.

Aquí nace una **disonancia terrible**. El Juan Real se siente un fracasado porque no puede estar a la altura del Juan Digital (ni del propio ni del ajeno). Siente envidia de vidas que no existen. Sufre por no tener cosas que no necesita.

El mapa de su existencia empieza a borrar el territorio. Juan llega a una playa hermosa (Mundo Real), pero no la disfruta porque está demasiado ocupado buscando el ángulo perfecto para la foto (Mundo Digital). Si no lo postea, siente que no existió.

El territorio —la arena, el viento, el sabor de la comida— ha dejado de importar. Solo importa el mapa. Y el problema es que no se puede vivir en un mapa. En el mapa no se come, en el mapa no se ama, en el mapa no se duerme. Intentar habitar la hiperrealidad es la receta perfecta para la ansiedad, porque estás intentando nutrir a tu cuerpo biológico con comida digital.

Y te estás muriendo de hambre.

CAPÍTULO 3

LA DECONSTRUCCIÓN DE LA NADA

(Por qué el posmodernismo falló)

Para entender por qué el suelo se mueve bajo nuestros pies, primero hay que mirar el camino andado. Si simplificamos la historia del pensamiento humano al máximo, podemos ver tres grandes bloques y un error final:

1. **Pensamiento Antiguo:** Todo lo que ocurrió antes de Grecia. Mitos, dioses, miedo y asombro.

2. **Filosofía Moderna:** Desde los griegos hasta el siglo XIX. El intento de usar la razón para entender el mundo.

3. **Metafísica:** El vicio humano de inventar "mundos o dimensiones falsas" (el Cielo, el Mundo de las Ideas, el Espíritu Absoluto) sobre las cuales construir nuestras vidas.

Y luego está el cuarto jinete. No es una etapa histórica legítima, sino un accidente tóxico que explica por qué hoy nos cuesta tanto trabajo entender el mundo que habitamos: **El Posmodernismo.**

El Pulpo Baboso

El posmodernismo nació en la segunda mitad del siglo XX como una reacción —en parte comprensible— contra los horrores de la modernidad. Después de dos guerras mundiales y la amenaza nuclear, un grupo de pensadores (principalmente franceses) decidió que la Razón, la Ciencia y el Progreso nos habían fallado.

Su premisa era seductora: **"No existen las verdades absolutas, solo relatos"**. Cuestionaron los "grandes relatos" (el comunismo, el capitalismo, el cristianismo, la ciencia) y propusieron que todo conocimiento es relativo, que todo depende de quién lo dice y desde qué posición de poder lo dice.

Al principio, esto sonaba a libertad. En el arte y la arquitectura fue divertido (Frank Gehry, el Centro Pompidou). En la literatura fue interesante (Borges, Calvino). Pero en la filosofía, se convirtió en un veneno.

El posmodernismo se expandió como los tentáculos babosos de un pulpo a través de nuestro pensamiento. Se infiltró en las universidades, en la sociología, en la política y, finalmente, en tu teléfono celular.

La Tautología Epistemológica (O la trampa del espejo)

El problema de fondo es que el posmodernismo **no responde nada**. Es una filosofía hueca que se disfraza de profundidad usando palabras rebuscadas que ni sus propios autores entendían del todo. Sembraron la semilla de que *nada es real*, de que la biología es un invento, de que las matemáticas son una construcción social opresiva.

Pero cometieron un error lógico imperdonable, una tautología epistemológica: **No puedes destruir la razón usando la razón.**

Si afirmas que "el lenguaje es siempre un abuso de poder", entonces tu propia afirmación (hecha con lenguaje) es un abuso de poder. Si dices que "no hay verdades absolutas", ¿esa afirmación es una verdad absoluta? No fue una "deconstrucción" real; fue un juego de palabras. Un truco de magia barato para intelectuales aburridos.

Y como era una filosofía vacía —una filosofía de la Nada—, cabía en cualquier parte. Por eso se metió en todos los rincones.

De la Sorbona a los Antivacunas

Hoy vemos los hijos bastardos de este pensamiento en dos extremos que parecen opuestos, pero que son idénticos en su rechazo a la realidad:

1. **En la Academia y la Política (WOKE):** Movimientos que niegan la biología en favor de la autopercepción. Si la realidad material me ofende, la "deconstruyo". La identidad se vuelve más importante que los hechos.

2. **En el Esoterismo de Internet (Conspiranoia):** Si la ciencia es solo "otro relato más", entonces mi búsqueda en Google vale lo mismo que tu doctorado. De aquí nacen los antivacunas, los terraplanistas y los que creen que el gobierno nos quiere robar los átomos.

También lo vemos en la "manifestación" mágica de Instagram: *"El universo te escucha"*. Es la idea infantil de que mi mente crea la realidad. Es posmodernismo pop: **todo es falso si yo decido no creerlo, y todo es verdadero si a mí me gusta.**

Es una forma de pensar cómoda, sí. Pero es profundamente infantil.

El posmodernismo nos dejó sin herramientas para navegar el mundo. Nos quitó el mapa (la razón) y nos dijo que el territorio (la realidad) no existía. Y ahora estamos aquí, perdidos en el laberinto, gritándole a la realidad para que cambie, y sorprendiéndonos cuando la realidad —como el muro de concreto que es— nos golpea en la cara.

Porque, aunque lo deconstruyas en un *artículo o ensayo* académico, si dejas de comer, te mueres. La biología no lee filosofía francesa.

CAPÍTULO 4

INFECCIÓN CULTURAL

(Teoría, ideología y la negación de la biología)

El problema de los virus es que no se quedan en el laboratorio. Se escapan.

Heredamos del posmodernismo (ver Capítulo 3) la idea de que la verdad no existe y que todo es relativo. Pero el verdadero daño no fue solo "romper la verdad", sino romper la herramienta con la que entendemos la verdad: el lenguaje.

Ludwig Wittgenstein, un filósofo austriaco que probablemente entendía la mente humana mejor que cualquier neurocientífico moderno, nos advirtió de esto hace casi un siglo. Él decía que "los límites de mi lenguaje son los límites de mi mundo". Su tesis era que muchos problemas filosóficos no son problemas reales, sino **"el embrujo de nuestra inteligencia por medio del lenguaje"**.

Y aquí estamos, embrujados.

El Error del Escarabajo (O por qué "Identity Politics" es una trampa)

Wittgenstein usaba una analogía brillante: imagina que varias personas tienen una caja. Nadie puede ver dentro de la caja del otro, pero todos acuerdan llamar a lo que tienen dentro "un escarabajo". Con el tiempo, la palabra "escarabajo" cobra vida propia en la conversación social, sin importar si dentro de la caja hay un insecto real, una piedra o el vacío absoluto. La palabra suplanta a la realidad.

Hoy, la "infección cultural" ha hecho exactamente eso con las llamadas **Identity Politics** (Políticas de Identidad).

Hemos creado etiquetas lingüísticas: "La Comunidad X", "Los Oprimidos", "El Patriarcado". Y hemos cometido el error lógico de creer que esas etiquetas son entidades reales, homogéneas y pensantes. Hablamos de "La Mujer" o "Los Latinos" como si fueran un bloque de concreto con una sola mente, ignorando que la realidad biológica y psicológica es individual.

Yo soy un hombre latino de 1.64 metros. Esa es mi realidad biológica (mi caja). No importa cuánto la ideología quiera etiquetarme o "empoderarme" con narrativas ajenas; si intento jugar en la NBA contra tipos de 2.10 metros, la realidad me va a aplastar. Pero la infección cultural nos dice: *"No, no es tu estatura, es el sistema el que no te deja"*. Confunden el mapa con el territorio. Confunden identidad (software) con realidad (hardware).

Ideología sin Teleología (Un barco sin brújula)

Lo más peligroso de estos movimientos intelectuales nacidos del posmodernismo es que carecen de **teleología**. La teleología es el estudio de los fines o propósitos. La medicina tiene un *telos*: curar. La ingeniería tiene un *telos*: construir estructuras que no se caigan.

Pero, ¿cuál es el *telos* de la ideología de género o del activismo identitario actual? No buscan una "verdad" objetiva, porque no creen en ella. No buscan "resolver" el conflicto, porque viven del conflicto. Simplemente aplican **creencia** a un problema real, ignorando la realidad biológica. Es la dictadura de la subjetividad: *"Si yo siento que es verdad, entonces es verdad, y tú debes legislar y hablar basándote en mi sentimiento"*.

Cuando quitas el propósito (la realidad) y dejas solo la creencia (la ideología), la sociedad pierde el juicio. Literalmente. Dejamos de juzgar situaciones basándonos en hechos y empezamos a juzgarlas basándonos en dogmas lingüísticos.

Y uno podría pensar: "Bueno, que lo discutan los académicos en la facultad de Filosofía". Pero la infección cultural ya está sentada en el asiento del copiloto de tu coche.

Así se ve la falta de teleología aplicada en la vida real:

El Choque de Trenes

Sucedió hace poco. Salgo con una chava que conocí en Tinder. Chateamos un par de días, todo bien, fluido. Quedamos en vernos para ir a comer. Me pasa su ubicación y voy por ella. Llego a su casa, le mando un WhatsApp para avisarle que ya estoy ahí. —"Ya voy", me dice.

Me bajo del coche y la espero afuera, recargado, listo para abrirle la puerta. No tengo la culpa de haber sido educado así, ni de que mi biología me impulse a tener gestos de cortesía y protección. Sale de su casa, camina hacia mí y nos saludamos de beso en la mejilla. Le abro la puerta del copiloto.

Ella se detiene en seco. Me mira con una ceja levantada. —"¿Crees que por ser mujer no puedo abrirla yo?"

Aquí está el error de Wittgenstein en acción. Ella no vio a un individuo (yo) siendo amable con otro individuo (ella). Ella vio una "Estructura de Poder". Su lenguaje interno redefinió mi acto de cortesía como un acto de opresión. Tiene razón, me digo. Me trago mi instinto. Que abra su puerta. —"Adelante" —le digo, y me doy la vuelta para subirme al coche.

Ya en camino, la tensión es incómoda. No pudo leer mi acción como un simple detalle; su software ideológico la obligó a leerlo como una micro-agresión. Donde había un gesto, ella vio al "Patriarcado" (el escarabajo en la caja). Pero ok, tiene derecho a interpretar el mundo como quiera, ¿no? Esa es la libertad moderna.

Vamos a un restaurante de sushi. Nos sentamos, pedimos de comer y sake. El alcohol ayuda y pasamos un buen rato charlando, riendo. La tensión del coche parece olvidada. Cuando terminamos el postre, pido la cuenta. Nos la traen y, recordando la lección de la puerta, decido aplicar su propia lógica. Si somos iguales en identidad, seamos iguales en realidad.

Le digo al mesero: —"Uy, perdón que no te dije antes, pero trae dos cuentas, por favor. Mitad y mitad."

El mesero se va. Ella se queda helada. Esa cara de "mujer empoderada" que tenía al subir al coche se desmorona en un segundo de pánico financiero. —"A mí no me alcanza para pagar un restaurante como este" —me suelta, indignada.

La miro a los ojos. —"Solo estoy tratando de darte tu lugar y no asumir nada. Si puedes abrir tu puerta (Identidad), asumí que puedes pagar tu atún (Realidad)."

Ahí está el "glitch" de la Matrix. Ahí está la infección cultural supurando. La teoría le dijo que debía rechazar la caballerosidad porque es opresión cultural, pero su instinto (y su conveniencia) seguía esperando la provisión biológica. Quieren la independencia del relato posmoderno, pero los beneficios del relato tradicional.

Llegan las dos cuentas y, obviamente, las pago yo sin hacer show ni nada. Yo la iba a invitar desde el principio; no soy un patán, solo estaba probando la consistencia de su guion.

Nos levantamos. Ella abre su puerta, muy digna, muy tensa. La dejo en su casa sin bajarme del coche. No le vuelvo a escribir. Ella a mí, tampoco.

El Resultado de la Infección

¿Qué pasó esa noche? No fue una "mala cita". Fue un choque de trenes entre la biología y la ideología. El problema de fondo es que hemos sustituido la intuición por la ideología. Nos han quitado la capacidad de leer las intenciones del otro porque estamos demasiado ocupados analizando si cumplen con los nuevos códigos lingüísticos.

El monstruo de la cultura nos prometió liberación a través de la identidad. Lo que nos entregó fue soledad. Nos ha dejado encerrados en nuestras propias cajas, gritando etiquetas al vacío, incapaces de conectar con el ser humano que tenemos enfrente porque estamos demasiado ocupados juzgando si su "escarabajo" es políticamente correcto.

CAPÍTULO 5

EL MURO DE LA REALIDAD

(El choque contra lo que no es un constructo social)

Podemos pasarnos la vida entera navegando en la teoría, en el "todo es mental", en la deconstrucción de los hechos. Hasta que un sábado por la mañana, la realidad te invita un café y te rompe los dientes.

La escena comienza en un lugar que bien podría llamarse "El Templo del Simulacro", aunque su letrero decía algo más parecido a "Instituto de la Profundidad Mental". Fui a una clase de respiración y yoga. No porque sea lo mío, sino porque, como antropólogo de este desastre moderno, hay que meterse al lodo para entenderlo.

El ambiente era el cliché perfecto de nuestra era: olor a cempasúchil e incienso barato para tapar el olor a humanidad de sábado por la madrugada (porque, seamos honestos, a varios no les dio tiempo de lavarse los dientes). Una mezcla de *leggings* Lululemon de tres mil pesos y *pants* viejos decolorados.

La maestra, llamémosla Paulina, nos recibió con esa amabilidad histriónica que se siente más falsa que un billete de tres pesos. Manos unidas en el pecho, sonrisa de emoji de rezar, voz suave. —*Namasté*.

La clase transcurrió entre cuencos tibetanos y posturas incómodas, hasta que llegamos al clímax del delirio colectivo. Paulina nos pidió acostarnos, respirar profundo y soltar la bomba: —"Ahora, dejen salir sus traumas usando la voz".

Y ahí, el teatro se desbordó. Gente que segundos antes estaba tranquila, empezó a aullar. Una chica en la esquina lloraba y gritaba como si la estuvieran torturando. Paulina la alentaba: *"Bien, deja salir el trauma"*. El salón se llenó de llantos profundos, de terror, llantos de bebés hambrientos en cuerpos de adultos oficinistas.

Yo cerré los ojos e intenté unirme al coro, pero de mi pecho no salió nada. No tenía ganas de llorar. No tenía un trauma a la mano para actuar. Me convertí en el único error en la Matrix del sufrimiento fingido.

La Coca-Cola Mental vs. La Insulina Real

Al terminar, con los ojos hinchados y el ego inflado por "la gran labor espiritual", el grupo decidió ir a la cafetería del lugar. Fui con ellos.

Nos sentamos y pedí una Coca de dieta. El grupo intercambió miradas de superioridad moral. Esas miradas de "pobrecito, todavía cree en los químicos". El mesero, rompiendo la magia, me dijo que no tenían de dieta. Antes de que pudiera cambiar mi orden, Paulina intervino con la autoridad de un gurú de YouTube:

—"Tráigale una normal" —le ordenó al mesero. Luego se giró hacia mí con una sonrisa condescendiente y soltó la frase que resume la enfermedad de nuestro siglo—: "Si tu mente cree que es de dieta, tu cuerpo la sigue. No te preocupes, solo tienes que pensarlo, manifestarlo y listo. El azúcar es una creencia".

Ahí estaba. El Muro. El choque frontal entre el "Todo es una construcción de poder" (Capítulo 3) y la Biología (La realidad).

La miré a los ojos. Paulina no es una mujer delgada. Su cuerpo, evidentemente, ha procesado muchas calorías que su mente no logró "des-manifestar". —"¿De verdad?" —le solté, ya sin filtro—. "¿Y a ti se te olvidó manifestar la dieta o qué?"

Se hizo un silencio sepulcral. Sus ojos se cuadraron. Fui cruel, sí. Pero la realidad es cruel. La biología no tiene modales. ¿Cómo se atrevía a decirme que mi páncreas iba a obedecer a mi imaginación?

—"Hagamos una apuesta" —continué, mientras el resto de la mesa me miraba como si fuera el mismísimo diablo—. "Si crees que todo es control mental, te apuesto lo que quieras a que si comes grasa y azúcar durante un mes sin hacer ejercicio, no vas a bajar de peso. Tu cuerpo no sigue a tu mente; tu cuerpo sigue a la termodinámica".

No contestó. Pero yo ya estaba encarrerado. Necesitaba llevar el argumento hasta el hueso, literalmente.

—"O mejor aún: vamos al dentista. Que te haga un hoyo en una muela sin anestesia y tú, con el poder de tu mente, no solo bloquea el dolor, sino repara el esmalte ahí mismo, frente a nosotros".

Nadie dijo nada. Pagué mi cuenta (que no era mental) y me fui.

Lo que queda en el suelo

Ese momento en la cafetería es el **Muro de la Realidad**. Puedes deconstruir el género, puedes reescribir la historia, puedes vivir en la hiperrealidad de tu Instagram donde todo es perfecto. Pero hay cosas que **no son negociables**.

- El azúcar sube la insulina, creas lo que creas.
- La infección mata si no usas antibióticos, por más que manifiestes salud.
- Si te tiras de un décimo piso, la gravedad te va a matar, aunque te identifiques como un pájaro.

El posmodernismo y la "infección cultural" nos han hecho creer que somos dioses creadores de nuestra propia realidad. Pero cuando nos estrellamos contra ese muro —una enfermedad, un accidente, una deuda, un dolor de muelas—, la ideología se rompe en mil pedazos.

¿Y qué queda tirado en el suelo cuando se rompe el disfraz del "ciudadano digital" o del "ser de luz"? Queda lo que siempre fuimos y lo que Paulina intentaba negar con sus gritos y sus Coca-Colas mágicas.

Queda un animal. Un animal biológico, asustado, con un sistema nervioso que no entiende de teorías francesas, sino de dolor y placer.

Y es hora de mirar a ese animal a los ojos.

PARTE II:

EL MONSTRUO

DE FRANKENSTEIN

CAPÍTULO 6

EL ANIMAL OBSOLETO

(Evolución lenta en un mundo rápido)

Es curioso ver en redes sociales lo que realmente deseamos. Casi nadie publica constantemente fotos encerrado en su micro-departamento de 40 metros cuadrados, iluminado por luz LED. Nadie presume su cubículo gris o el tráfico de las siete de la mañana.

Al contrario: publicamos fotos de vacaciones, cielos abiertos, playas turquesas, la Torre Eiffel recortada contra el horizonte. Casi siempre con amigos, rodeados de gente, sonrisas, abrazos, "tribu". Presumimos excesos, comida abundante, piel, sol. Parece que nuestro *feed* de Instagram no es un registro de lo que somos, sino una lista de deseos de lo que **necesitamos ser**.

Hacemos esas actividades mucho menos de lo que parece, pero las "presumimos" porque instintivamente sabemos que eso es lo que tiene valor. ¿Por qué? Porque tu cerebro, esa masa gelatinosa de kilo y medio, sigue buscando desesperadamente aquello a lo que se acostumbró durante cientos de miles de años: grupos pequeños, contacto físico, sexo, comida densa y espacios abiertos.

Tu Instagram es el grito de auxilio de tu biología.

El Desajuste: Hardware Viejo, Software Nuevo

En la introducción presentamos el problema, pero ahora vamos a diseccionarlo. Recordemos las dos evoluciones:

1. **La Evolución Biológica:** Lenta. Un proceso de cientos de miles de años que hace pruebas, deja morir errores y premia aciertos con calma geológica.

2. **La Evolución Cultural:** Rápida. Instantánea. Se crea, se modifica y se elimina en segundos.

El problema central no es que el ser humano haya "fallado" en su evolución. El problema es que la evolución biológica no trabaja para anticipar el futuro (no sabía que inventaríamos TikTok), sino para resolver problemas inmediatos de supervivencia en el pasado.

Nuestro organismo se moldeó en la sabana africana. Desde entonces, el entorno cambió de forma abrupta, explosiva y radical, mientras que nuestra biología permaneció prácticamente igual. El cerebro que usas para contestar un correo pasivo-agresivo es, anatómica y funcionalmente, casi idéntico al de hace cuarenta mil años.

Este fenómeno se conoce en biología como **Desajuste Evolutivo**: rasgos que fueron perfectos para sobrevivir ayer, hoy son la causa de nuestra enfermedad. Somos animales obsoletos corriendo un software que no soportamos.

Aquí están los "glitches" de este sistema:

1. El Glitch Metabólico (Por qué amas la pizza)

Tu cuerpo evolucionó bajo la amenaza constante del hambre. Está optimizado para almacenar cada caloría posible y para preferir alimentos densos en energía, porque hace 20,000 años, no sabías cuándo volverías a comer. Hoy, vives en una sociedad donde la disponibilidad calórica es infinita y el esfuerzo físico es mínimo. Pero tu cuerpo sigue creyendo que vive en la escasez. Por eso la obesidad, la diabetes y las enfermedades cardiovasculares no son "fallos" de tu cuerpo; son una adaptación perfecta funcionando en el contexto equivocado. Tu cuerpo ahorra energía para una hambruna que nunca llega.

2. El Glitch del Estrés (El Tigre en la Oficina)

Tu sistema de estrés (adrenalina y cortisol) evolucionó para amenazas breves e intensas: un depredador, una pelea, una caída. El peligro aparecía, reaccionabas (huías o peleabas) y el peligro pasaba. Hoy, las amenazas rara vez son físicas. Son abstractas y persistentes: la presión laboral, la deuda en el banco, el "qué dirán" en redes sociales. El problema es que tu cuerpo no distingue entre un tigre dientes de sable y un Excel en rojo. Reacciona igual: te inunda de químicos para pelear o correr. Pero como no puedes golpear a tu jefe ni salir corriendo del banco, esos químicos se quedan en tu sangre, intoxicándote lentamente. Eso es la ansiedad: una respuesta correcta ante el estímulo incorrecto.

3. El Glitch Social (Cerebros Tribales en Ciudades Globales)

Tu cerebro está diseñado para interactuar en grupos pequeños (la tribu), donde la reputación era directa y las consecuencias inmediatas. En sociedades masivas y digitalizadas, ese cerebro colapsa. Sigue operando con lógica tribal ("nosotros" vs. "ellos"), pero ahora sobrepasado por millones de extraños abstractos. Esto explica la polarización política y el odio en Twitter: estamos usando una herramienta diseñada para gestionar una aldea de 150 personas para intentar gestionar un planeta de 8,000 millones.

4. El Glitch de la Dopamina (La trampa de la novedad)

Tu sistema de recompensas evolucionó para emocionarse con lo escaso. Encontrar una fruta dulce o una novedad en el entorno era raro y valioso. Hoy, la estimulación es infinita. Notificaciones, luces, sonidos, *likes*. Tu sistema dopaminérgico no distingue entre una recompensa evolutiva real y un *like* artificial. El resultado es la saturación, el déficit de atención y la adicción. Estamos quemando nuestros circuitos de placer porque nunca fueron diseñados para este voltaje.

5. El Glitch Afectivo (Amor en tiempos de Tinder)

Nuestros mecanismos de apego y celos evolucionaron en contextos de opciones limitadas. Conocías a poca gente, elegías pareja y te quedabas. Hoy, las redes sociales y las apps de citas nos exponen a un mercado sexual teóricamente infinito. El cerebro interpreta esa abundancia como inestabilidad. ¿Por qué comprometerme si puede haber alguien mejor a un *swipe* de distancia? Esto dispara la ansiedad relacional y la incapacidad de formar vínculos profundos.

Conclusión: La Rebelión del Monstruo

En síntesis, no estás "loco" ni "roto". Simplemente, tu biología sigue optimizada para un mundo que ya no existe. Las sociedades modernas activan mecanismos antiguos en contextos para los que no fueron calibrados.

La ansiedad, el vacío, ese desfase que sientes el domingo por la noche, no es debilidad. Es el sonido de la tensión estructural entre tu evolución biológica (lenta, terrestre, animal) y tu cultura (rápida, digital, artificial).

Creamos un monstruo llamado Cultura para protegernos de la naturaleza. Pero el monstruo creció demasiado rápido, se volvió demasiado fuerte y ahora, confundido y frenético, quiere matar a su creador.

CAPÍTULO 7

ARQUITECTOS DE SOMBRAS

(De la Caverna de Platón al Tecnofeudalismo)

¿Te has preguntado alguna vez por qué es tan fácil para el ser humano creer en lo que no ve? ¿Por qué creemos en dioses, en espíritus, en la "vibración alta", en la meritocracia o en la "nube"? La respuesta corta es brutal: **porque la realidad duele.**

Y para no enfrentar ese dolor, nos hemos pasado los últimos 2,500 años construyendo arquitecturas imaginarias para escondernos. No somos buscadores de la verdad; somos fugitivos de la realidad.

El Trauma Fundacional (O la culpa es de Platón)

Todo este desastre tiene nombre y apellido. Nació de un joven brillante, sensible, pero profundamente herido. Un hombre que no soportó la injusticia del mundo real y, para sobrevivir, tuvo que inventarse otro. Se llamaba **Platón**.

Su trauma fue ver cómo Atenas, su propia ciudad, asesinaba a su maestro, Sócrates. Sócrates era un hombre justo, que hablaba de la vida real, no de cielos. Cuando lo mataron, Platón no pudo procesarlo. Su mente se rompió ante una conclusión insoportable: *Si el mundo permite que un hombre justo muera así, entonces el mundo está mal.*

Y ahí nació el error que infectó a Occidente. Platón decidió que la realidad visible —la que suda, sangra, cambia y mata— no era la "verdadera". Dijo que lo que vemos son solo sombras en una caverna. Que el mundo real, el "Mundo de las Ideas", era un lugar perfecto, eterno e inmutable, allá arriba, donde nada se pudre y nadie muere injustamente.

Fue el mecanismo de defensa más exitoso de la historia. Platón partió la realidad en dos:

1. **Lo físico (El cuerpo, la materia):** Sucio, imperfecto, falso.
2. **Lo ideal (El alma, la idea):** Puro, eterno, verdadero.

Desde entonces, aprendimos a despreciar lo que tocamos para adorar lo que imaginamos.

La Institucionalización del Consuelo

Siglos después, el cristianismo tomó el guion de Platón y le cambió los nombres. El "Mundo de las Ideas" se convirtió en el Cielo. El "Alma" se volvió divina y el "Cuerpo" una carga pecaminosa.

Creamos una civilización basada en la negación de la biología. Y para sostener esa mentira, inventamos rituales de control. Has visto la escena mil veces: alguien se persigna antes de subir a un avión. Alguien reza para que no haya tráfico. Analicémoslo con frialdad:

- Si Dios existe y es omnisciente, ya sabe lo que va a pasar. Tu rezo no le informa de nada.

- Si Dios no existe, le estás hablando al vacío.

En ninguno de los dos casos tu rezo cambia la realidad. El avión se cae o no se cae por física, no por teología. Entonces, ¿por qué lo hacemos? Porque funciona como un **placebo emocional**. Rezar no detiene el cáncer ni desvía la bala, pero ordena tu miedo. Te da la ilusión de que no estás solo frente al caos. El ritual es un atajo mental para no aceptar que el universo es indiferente a tus deseos. Preferimos el ruido de nuestras plegarias al silencio del cielo.

Pero este placebo tiene un costo: **la desresponsabilización**. Si creo que "Dios proveerá" o que "el destino ya está escrito", dejo de actuar. La religión nos vendió la idea de un destino (un guion ya escrito) que choca con la realidad biológica de que somos organismos condicionados, sí, pero libres para elegir dentro de nuestro marco. Al delegar nuestra vida al cielo, renunciamos a la tierra.

El Nuevo Disfraz: De Descartes a la Nube

Podrías pensar: *"Bueno, pero yo soy ateo, yo soy moderno, yo uso iPhone"*. Da igual. El software platónico sigue corriendo en tu sistema operativo.

En el siglo XVII, Descartes actualizó el error con su famoso *"Pienso, luego existo"*. Otra vez: la mente arriba, el cuerpo abajo. Nos convenció de que somos una "cosa que piensa" atrapada en una máquina biológica.

Y hoy, en pleno siglo XXI, aunque hayamos matado a Dios (como dijo Nietzsche), no hemos matado el vicio de buscar "otro mundo". Solo cambiamos la Catedral por la Nube.

Fíjate en nuestro comportamiento digital. Es puramente platónico:

- Odiamos nuestro cuerpo real (imperfecto, envejece), así que construimos un "Cuerpo Digital" (filtros, ángulos, edición) que es eterno y perfecto.

- Odiamos la fricción de la vida real, así que nos mudamos al "Mundo de las Ideas" (el algoritmo, el feed), donde todo está curado a nuestra medida.

La **Hiperrealidad** de la que hablamos en el capítulo anterior no es más que la Caverna de Platón con Wi-Fi. Seguimos huyendo de la materia. Seguimos buscando la salvación fuera de nosotros.

La Degradación de la Mentira (Del Filósofo al Algoritmo)

Pero aquí hay un matiz importante y peligroso. Anteriormente, eran genios como Platón, Descartes o Tomás de Aquino quienes inventaban estos mundos falsos. Eran falsos, sí, pero **ordenados**. Tenían lógica, estructura y un profundo conocimiento filosófico. Eran "mentiras de alta calidad".

Hoy, la situación es mucho más patética. Ya no consumes la arquitectura mental de un gigante griego. Ahora consumes las ideas de tus vecinos, de una hacker rusa o de una académica traumada que busca culpables para su propia neurosis. Todo el mundo vomita ideas, discursos e ideologías en tiempo real, y nosotros lo consumimos sin saber qué diablos está comiendo nuestro cerebro.

Creemos a ciegas, con el cerebro vendado. Nuestro cerebro primitivo no necesitaba "fe" hace 5,000 años porque **veía y vivía** su realidad: el fuego quemaba, el tigre mordía. Hoy ya no experimentamos esa realidad. Solo nos enteramos de ella a través de publicaciones online y chismes digitales.

El problema no es habitar un mundo digital avanzado para nuestro cerebro. **El problema es no estar conscientes de que lo estamos viviendo.** La ignorancia planta nuestros pies firmemente en las nubes, no en la tierra. Así, flotando, no nos damos cuenta de que estamos habitando un mundo falso o, como veremos en el siguiente capítulo, un "No-Mundo".

Los Magos de Oz y el Tecnofeudalismo

¿Y quiénes son los arquitectos de hoy? Ya no son filósofos. Son los Magos de Oz de Silicon Valley: Zuckerberg, Musk, Bezos.

¿Qué hacen realmente? No nos venden ideas como Platón. **Crean algoritmos que alimentan nuestra ignorancia.** Entendieron que nuestra voraz hambre de "acceso" es infinita, así que nos dan basura. No nos dan verdad, no nos dan realidad. Nos alimentan con lo que más *clicks* genere, apelando a nuestros instintos más bajos.

Esto nos lleva al sistema que sostiene la jaula. A lo largo de la historia, hemos creado muchos sistemas políticos. En papel, todos parecían "buenos". En la práctica, no. Hasta hace poco, el único que había funcionado estructuralmente (no moralmente) era un capitalismo en sociedades liberales.

Pero eso se acabó. Como bien señala el economista **Yanis Varoufakis**, el capitalismo ha mutado en algo peor: el **Tecnofeudalismo**.

Ya no hay "mercado" libre. Hay feudos digitales (Amazon, Facebook, Google) donde nosotros no somos clientes, sino siervos. Trabajamos gratis para ellos cada vez que subimos una foto, cada vez que damos un *like*, cada vez que generamos datos. En esta etapa terminal del sistema, todo está justificado mientras genere dinero o datos.

Nuestra cultura creó un capitalismo incontrolable, y solo un puñado tiene las llaves de la jaula. Es un monstruo que come a los pobres (desigualdad extrema), destruye ciudades, cierra escuelas y termina programas sociales porque no son rentables. Arrasa con lo que se le ponga enfrente, sea biológico o cultural.

El Ruido de la Autoayuda

Y en este paisaje de ruinas religiosas y feudos digitales, ha surgido el profeta más vulgar de todos: la industria de la autoayuda y la "manifestación".

Es el esoterismo moderno. Te dicen que "si lo crees, lo creas". Te dicen que el universo es un catálogo de Amazon esperando tu pedido vibracional. Es la misma mentira de Platón, pero más barata.

Te dicen: *"Conócete a ti mismo"*, robando la frase del templo de Apolo, pero la vacían de su rigor. Conocerse no es una epifanía mágica; es, como Sísifo, empujar la piedra de tus propias contradicciones. La autoayuda promete que la llave está dentro de ti, borrando el contexto, la economía y el azar. Convierte la complejidad del mundo en una moralina simple: *"Si fallas, es porque no vibraste alto"*.

Conclusión: Adictos a la Sombra

¿Por qué seguimos comprando estas mentiras, desde el rezo antiguo hasta el algoritmo moderno? Porque la verdad —la que proponemos en este libro— es aterradora para el niño que llevamos dentro: **No hay otro mundo.** No hay un plan divino. No hay destino escrito. No hay karma que equilibre la balanza. Solo existe esto: el cuerpo, el presente, la materia, el azar y las decisiones que tomamos.

Platón inventó las sombras para no ver el cadáver de Sócrates. Nosotros, bajo el yugo del Tecnofeudalismo, vivimos en una caverna digital donde ni siquiera las sombras son nuestras; son proyecciones de un algoritmo diseñado para mantenernos ocupados, ignorantes y rentables.

Hemos perfeccionado la mentira hasta volverla omnipresente. Pero el muro de la realidad sigue ahí. Y la única forma de vivir con dignidad es dejar de mirar las sombras en la pared, darse la vuelta, y atreverse a mirar —sin lentes oscuros— el sol cegador de lo que realmente es.

CAPÍTULO 8

EL REINO DE LAS NO-COSAS

(Byung-Chul Han y la pérdida de lo tangible)

Vivimos en una transición silenciosa pero tectónica: estamos dejando de habitar un mundo de "Cosas" para mudarnos a un mundo de "No-Cosas".

Las **Cosas** son los objetos que oponen resistencia. Son rugosas, pesan, se rompen, envejecen con nosotros. Una silla de madera, un libro viejo, un disco de vinilo. Tienen historia. Las **No-Cosas**, como describe magistralmente el filósofo surcoreano Byung-Chul Han, son informaciones. Son lisas, pulidas, sin fricción. No pesan, no huelen y no envejecen; simplemente se vuelven obsoletas o desaparecen. El smartphone es una Cosa que abre las puertas hacia el infierno de las No-Cosas. Es una superficie suave que nos promete el mundo, pero que nos quita la realidad táctil.

La Liturgia del Objeto (No es nostalgia, es peso)

Esto no es el anhelo de unos viejos que no se acostumbraron a "lo moderno". Es una observación técnica de lo que sucede con la mente humana cuando le quitas sus anclajes físicos.

Antes, escuchar música requería una dedicación religiosa. Escuchabas la radio, cazabas una canción nueva, anotabas el nombre. Ibas a la tienda, hablabas con el encargado (un humano), buscabas la sección del género, peinabas el orden alfabético con los dedos. Encontrabas ese disco. Gastabas el dinero que te había costado tiempo ahorrar. Llegabas a casa, te encerrabas en tu cuarto, abrías el *booklet*, ponías *play* y leías las letras mientras la música giraba. Era una experiencia que te obligaba a **valorar**, porque habías invertido tiempo, dinero y esfuerzo físico. Escuchabas el disco entero, no saltabas canciones a los 10 segundos.

Ir a Blockbuster a rentar una película era similar. Recorrer pasillos, leer sinopsis, sopesar la caja en tus manos. Había relaciones, no solo con la gente, sino con las cosas. Si una película te marcaba, ibas a Tower Records y comprabas el DVD. Te sentías orgulloso de ponerlo en tu estante. En tu casa tenías tus pertenencias: tus discos, tus libros, TUS COSAS. Esas cosas no te hacían "mejor", pero te **describían**. Eran tu biografía externa. Eran objetos, sí, pero aunque muertos, estaban vivos porque eran testigos de tu tiempo.

La Soledad de la Nube

Hoy tienes acceso a todo, pero no eres dueño de nada. Sí, puedes tener una "colección digital" en Spotify o Netflix. Yo la tengo. Pero es una colección autista. No he cruzado una sola palabra con nadie sobre la violencia en el cine de Tarantino, ni sobre por qué Vince Clarke salió de Depeche Mode, ni sobre mi fanatismo por el cine de vampiros. No he platicado con nadie, ni siquiera con el algoritmo, que solo quiere venderme lo que sigue.

Es una colección privada, estéril, como la del millonario que tiene un Van Gogh encerrado en una bóveda oscura. Tus discos y libros físicos los prestabas, te los devolvían manchados de café, iniciaban conversaciones con una potencial pareja al verlos en tu sala. Eran puentes. Las No-Cosas digitales no son puentes; son túneles individuales.

La Tragedia de Sonia (O el desvanecimiento del Yo Digital)

¿Qué pasa cuando construimos nuestra vida entera sobre este terreno de "No-Cosas"? Te cuento lo que le pasó a Sonia, una amiga.

Sonia usa iPhone. No porque le guste la tecnología, sino porque ese aparato pulido le da pertenencia a una clase social a la cual, económicamente, no pertenece. Para sostener ese iPhone y esa vida, Sonia hace OnlyFans. Vende la imagen de su cuerpo, su privacidad y su rostro para que extraños se masturben con la fantasía de poseerla. Vende "No-Cosas" (imágenes) para comprar "No-Cosas" (estatus).

Como no gana millones, no tiene el iPhone de 1 Terabyte. Así que tomó una decisión lógica en el mundo digital: usar la "Nube" y las redes como su disco duro. Subió todas sus fotos y videos a Instagram —algunos públicos, otros en archivo privado—. Ahí estaba toda su vida: ella, espectacularmente hermosa, en microbikinis por el mundo. Usaba ese *engagement* de Instagram para dirigir tráfico a su OnlyFans.

Era un ecosistema digital perfecto. Hasta que dejó de serlo.

Un día, al algoritmo de Instagram no le gustó algo. Quizás un enlace, quizás un pezón, quizás un error de código. Y en un instante, sin juicio previo, sin derecho a defensa y sin aviso para descargar SU contenido, Instagram borró su cuenta.

Se fue todo. Absolutamente todas sus fotos. Sus viajes. Sus recuerdos. Su trabajo. Su "yo". Adiós colección. Adiós memoria. Adiós No-Cosas.

Sonia se quedó con un iPhone caro y vacío en la mano. Sintió el vértigo absoluto. El vacío existencial de una generación que solo se reconoce si tiene cómo mostrarse, y que de pronto descubre que su identidad estaba alojada en un servidor de California que no sabe ni que ella existe.

Ese es el reino de las No-Cosas. Un reino donde crees que eres el rey, pero en realidad eres un usuario arrendando tu propia vida, esperando que el dueño del servidor no decida apagar la luz.

CAPÍTULO 9

LA TRAMPA CARTESIANA

(Rompiendo el mapa)

En el Capítulo 7 señalamos a Platón como el arquitecto original del desastre. Él fue quien partió la realidad en dos: el Cielo perfecto arriba y la Tierra sucia abajo.

Pero ese problema era cósmico, lejano.

El verdadero drama comenzó siglos después, cuando un francés decidió tomar esa grieta universal e instalarla dentro de tu propio pecho.

René Descartes no inventó la división; la hizo personal.

Hizo la actualización de software más dañina de la historia.

La Instalación del Virus: El Fantasma en la Máquina

Imagínalo en el siglo XVII, encerrado en su habitación, dudando de todo. Al final de su crisis, llega a la conclusión que definiría la era moderna: *Cogito, ergo sum*. **Pienso, luego existo.**

Parece una frase lógica, pero es una trampa mortal.

Con esas tres palabras, Descartes reconfiguró la identidad humana. Nos dijo que nuestra esencia verdadera es "la cosa que piensa" (la mente), y que casualmente habitamos dentro de una "cosa extensa" (el cuerpo).

Platón separó el alma del mundo. Descartes separó tu mente de tu biología.

Nos convenció de que somos un piloto (mente) conduciendo un vehículo de carne (cuerpo). Un vehículo que a veces se descompone, que tiene deseos "bajos", que nos estorba.

Y nos lo creímos.

Hoy vivimos como cerebros en una cubeta. Creemos que la mente es una entidad flotante, superior, limpia, que debe someter a la bestia biológica que la transporta.

El Error de Categoría: No Tienes Cuerpo, ERES Cuerpo

La realidad es brutalmente simple:

No tenemos cuerpo. SOMOS CUERPO.

Tu cuerpo tiene órganos: un estómago que digiere, pulmones que respiran, glándulas que sudan. Y tiene un cerebro que piensa.

El pensamiento no es un acto mágico ni una sustancia divina separada de la carne. Es una secreción biológica. Es actividad eléctrica y química.

Nadie dice: "Digiero, luego existo". Sería absurdo. Existes, y porque eres un organismo complejo que necesita energía, a veces digieres.

Del mismo modo: Existes, y porque eres un animal con un sistema nervioso avanzado, a veces piensas.

Separar la "mente" del cuerpo es un error de categoría. Es como querer separar el "caminar" de las piernas. No puedes tener el acto sin el órgano. Pero Descartes nos hizo creer que sí podíamos, y pasamos los siguientes cuatro siglos tratando de vivir solo en la cabeza, ignorando al animal que nos sostiene.

La Soberbia de la Mente Mágica

Esta división interna es la madre de todas las neurosis modernas y de la pseudociencia actual.

Si creemos que la mente es el "piloto soberano" y el cuerpo es materia inerte, llegamos a la conclusión lógica —y errónea— de que la mente puede controlar la realidad a su antojo.

De aquí nace la locura de la "manifestación" y el "pensamiento positivo".

Nos dicen: "Si lo crees, lo creas". "Todo está en la mente".

Es el dualismo cartesiano llevado al extremo: la mente es tan poderosa que la materia (el cuerpo, el dinero, el cáncer) debe obedecerle.

Pero es falso.

La biología no negocia con tu pensamiento positivo.

- Puedes repetir mil veces "soy salud", pero si tienes una infección, necesitas antibióticos, no mantras. La bacteria no habla español ni entiende tus intenciones.
- Puedes decretar delgadez, pero si ingieres glucosa, tu páncreas secretará insulina. Es termodinámica, no actitud.

El cuerpo no escucha tus decretos metafísicos. Escucha hormonas, neurotransmisores e impulsos eléctricos.

Creer que tu mente controla la materia no te empodera; te vuelve esquizofrénico respecto a tu propia naturaleza. Te hace sentir culpable cuando tu cuerpo no obedece a tus deseos, como si fueras un mal piloto, cuando en realidad, nunca tuviste el control manual del avión.

Romper el Mapa

El "mapa" que Descartes nos dibujó es una cuadrícula racional que no sirve para navegar el territorio de la vida.

Intentamos vivir desde "el poder de la mente": hacemos planes, optimizamos el sueño, calculamos calorías, gestionamos emociones como si fueran archivos de Excel.

Pero la vida es territorio. Es caos biológico, es azar, es impermanencia.

Cuando la realidad rompe nuestro Excel mental (una enfermedad, una ruptura, una crisis), lo sentimos al doble: sufrimos por el evento y sufrimos porque "no debería ser así". Esa resistencia es la mente peleando contra la realidad.

¿La solución?

Invertir la fórmula. Dinamitar a Descartes.

No es "Pienso, luego existo".

Es existo, luego pienso.

Primero eres carne. Primero ocupas espacio. Primero sientes el frío, el hambre, el deseo. Y después, como una función secundaria, piensas sobre ello.

Romper el mapa cartesiano significa bajarse de la cabeza y volver a habitar el cuerpo.

Significa aceptar que no eres un espíritu atrapado en una máquina, sino un organismo vivo integrado en un mundo físico.

Saber que tu mente no es el jefe supremo es la mayor liberación posible.

Te quita la presión de tener que "controlarlo todo" con el pensamiento.

Te devuelve a tu tamaño real: eres vulnerable, eres mortal, eres animal.

Pero eres real.

Y ser real es infinitamente mejor que ser un fantasma imaginario conduciendo una máquina que no entiende.

CAPÍTULO 10

PERDIDOS EN EL LABERINTO

(Desorientación existencial)

Nuestro cuerpo es una máquina biológica maravillosa y aterradora: se adapta a todo. A todo, menos a la muerte. Somos capaces de acostumbrarnos al amor y verlo como rutina. Pero también somos capaces de adaptarnos al horror. El ser humano se adapta a la tortura, a la guerra, al hambre de los campos de concentración. Y ojo, no solo hablo de la víctima, sino del verdugo.

A nuestro cerebro le cuesta mucho trabajo aceptar que somos "los malos". La psicología lo llama **Disonancia Cognitiva**. El mal casi nunca se presenta como mal; siempre cree que está haciendo el bien. Suena banal citar *Star Wars*, pero Anakin Skywalker no se vuelve Darth Vader por capricho, sino porque cree que su tiranía traerá paz. ¿Quieres ejemplos reales? Hitler, Pol Pot o Stalin. Desde nuestra perspectiva son monstruos, pero en sus cabezas, ellos estaban "limpiando" o "salvando" al mundo. Lo mismo pasa hoy: desde el narco que se dice a sí mismo que sus drogas son solo un negocio, hasta el político que roba "porque el pueblo no sabe administrar", o el *influencer* que jura que está sanando al mundo con su pseudociencia barata.

¿El mejor ejemplo? Yo mismo. Yo creo que estoy ayudando con este libro. Estoy 100% convencido de que esto aporta valor. Pero esa es mi narrativa. Por eso, lector, te pido algo fundamental: **duda de mí**. No todo lo que hago o escribo está bien. Tienes que dudar de lo que crees, de tu fe y, sobre todo, de lo que te dicen en redes. Entra a Internet, verifica, busca datos. Porque el verdadero problema que vivimos no es la falta de información, sino el exceso de certeza. Creemos tanto, que ya no dudamos. Y al no dudar, nos perdemos.

La Paradoja del GPS: Todo el Acceso, Ningún Rumbo

Hoy en día llevamos en el bolsillo una computadora más potente que la que llevó al hombre a la Luna. Tienes teléfono, cámara, enciclopedia universal, banco y cine en la mano. Tienes Waze y Google Maps que te dicen con precisión de metros dónde estás y cómo llegar a cualquier rincón del planeta.

Y, sin embargo, nunca habíamos estado tan perdidos. Tenemos Uber, pero nos falta rumbo. Tenemos acceso a todo, pero sentimos que no hacemos nada.

Esa es la ansiedad moderna. Entras a Instagram y ves lo que "deberías" estar haciendo: bebiendo en un bar *cool*, enamorándote en París, cenando en un restaurante caro, comprando esos tenis Jordan de edición limitada. Las redes nos hacen creer que todos están haciendo algo mejor que nosotros TODO el tiempo. Y así nace la sensación de **La Sala de Espera**. ¿No lo has sentido? Esa sensación constante de que tu vida está en pausa. Sientes que tu "vida real" va a empezar cuando llegue la pareja perfecta, cuando consigas la oferta del 50%, cuando tengas el puesto directivo. Tienes miles de planes y deseos, pero el presente se siente vacío. Una sala de espera eterna.

La Estafa del Mapa (El Sueño Americano)

Para salir de esa sala de espera, compramos un mapa. Nos lo vendieron muy bien, especialmente desde la maquinaria cultural de Estados Unidos: **El Sueño Americano**. El mapa era claro: *Estudia. Cásate. Trabaja duro. Compra casa. Compra dos coches. Ten hijos. Sigue trabajando. Cumple las reglas. Y ahí, al final, serás feliz.*

Muchos seguimos ese mapa al pie de la letra. Recorrimos el camino, nos endeudamos, nos esforzamos. Y cuando llegamos a la famosa "X" del mapa del tesoro, desenterramos el cofre y lo abrimos. ¿Qué había adentro? Nada. O peor: había más instrucciones. *"Ahora retírate, consume menos medicamentos, cuida tu cuerpo para no ser una carga y muere en paz".*

Jamás diría que esa no es una vida digna. Lo es, sobre todo comparada con la de nuestros antepasados que morían de una muela infectada a los 30 años. Pero el problema es que es una vida que **no nos llena**. Sentimos la estafa. Hicimos todo lo que nos dijeron y el vacío sigue ahí.

Bengalas de Auxilio (Pseudociencia y Consumo)

Al descubrir que el mapa no llevaba a la felicidad, entramos en pánico. ¿Y qué hacemos? Buscamos orientación en los peores lugares. Buscamos gurús en TikTok. Repetimos mantras de "plenitud". Vamos a limpiar nuestras frecuencias con cuencos tibetanos. Compramos la última película de superhéroes. Tenemos más citas vacías en Tinder. Buscamos "vibrar alto" porque nos aterra admitir que estamos cayendo bajo.

Pero si somos brutalmente honestos, la ansiedad ahí sigue. Lo que nunca nos explicaron en la escuela ni en la iglesia es que **EL ANSIA SIEMPRE VA A ESTAR AHÍ**. Punto. La vida es sufrimiento, decía Buda (*Dukkha*). La vida es angustia, decía Camus.

Aceptar nuestra fragilidad existencial nos libera. Si sabes que coleccionar cien pares de tenis Nike no va a llenar el hueco de tu alma, quizás dejes de gastar en eso y pagues un seguro de gastos médicos. No es sexy, no es "instagrameable", pero te da paz real. Nadie publica en redes: *"¡Miren, pagué mi póliza de seguro!"*. Pero quizás esa sea la fórmula de la felicidad adulta: hacer lo que te da paz, no lo que te da *likes*.

El Pánico del Náufrago (Tribalismo)

Pero como no queremos aceptar el vacío —ese compañero invisible que siempre nos toma de la mano—, buscamos distraernos en grupo. Buscamos desesperadamente: *"¿Quién piensa como yo?"*. Te unes al grupo de "coleccionistas de zapatos", al partido político radical, al club de yoga, a la secta de criptomonedas. Crees que al ser parte de algo, el vacío se llenará con gente. Hay quienes cambian de religión, de ciudad, de pareja o hasta adoptan hijos ajenos pensando que "ahora sí" la vida tendrá sentido.

Pero el vacío no es geográfico. El vacío no se cura mudándote a la playa ni cambiando de amigos. El vacío te persigue porque el vacío eres tú (tu condición humana).

Conclusión: Correr para no Sentir

Y así llegamos al final del laberinto. Perdidos, con un mapa falso en la mano, con un GPS que no nos da propósito y con un miedo aterrador al silencio. ¿Qué hacemos entonces? Lo único que se nos ocurre: **Correr.**

Nos ocupamos. Nos llenamos de "cosas por hacer". Inventamos prisa. Pasamos horas, días, semanas, décadas corriendo detrás de un fantasma, tratando de saciar nuestra hambre con aire. Creemos que si corremos lo suficientemente rápido, el vacío no nos alcanzará.

Y así entramos en la siguiente fase de nuestra tragedia. Ya no solo estamos perdidos; ahora estamos **ocupados**. Bienvenidos a la Rueda de Sísifo.

PARTE III:

LA RUEDA DE

SÍSIFO DIGITAL

PARTE III: LA RUEDA DE SÍSIFO DIGITAL

(El mecanismo de defensa: Ocupación y Tecnología)

CAPÍTULO 11

LA TIRANÍA DEL RELOJ

(Glorificación del "Busy Life")

Hay gente que hoy presume su adicción al trabajo como si fuera una medalla olímpica. Te encuentras a un amigo y le preguntas: *"¿Cómo estás?"*. Antes, la respuesta era *"Bien"*. Hoy, la respuesta estándar, dicha con un suspiro de falso sufrimiento pero secreto orgullo, es: *"No sabes... estoy a full. Súper ocupado. No tengo tiempo ni de respirar"*.

Si eres de los que dicen esto, lamento decirte algo impopular: eso no es éxito. Es una tragedia. Hemos convertido la falta de tiempo en un símbolo de estatus. Creemos que si no estamos corriendo, no somos importantes. Si tienes tiempo libre, el sistema te hace sentir que eres prescindible, un fracasado o un vago.

Pero una vida saturada de obligaciones no es una vida plena; es una vida ocupada. Y muy probablemente, la llenas de ruido laboral y agendas apretadas porque tienes un vacío existencial que no te atreves a mirar.

De la Cosecha al Checador (Cómo nos volvimos máquinas)

¿Cómo llegamos a esto? ¿En qué momento el *Homo sapiens* decidió que vivir con prisa era una buena idea?

La culpa, nuevamente, es de nuestro "Frankenstein": la cultura industrial. Antes de la Revolución Industrial, el tiempo era biológico y solar. Se trabajaba por **tareas**, no por horas. El campesino trabajaba hasta que terminaba de sembrar o hasta que se metía el sol. Si acababa antes, descansaba. Si llovía, no trabajaba. El tiempo era elástico.

Pero cuando inventamos la fábrica, el sol ya no servía. Necesitábamos sincronizar a cientos de humanos para que funcionaran como engranajes. Así que inventamos el reloj mecánico y la "jornada laboral". Pasamos de trabajar por objetivos a trabajar por **tiempo**. Vendimos nuestra biología a cambio de un salario por hora. El resultado fue que nos convertimos en máquinas biológicas. El reloj se volvió nuestro nuevo Dios, uno más tirano que cualquier deidad antigua, porque este no te pide fe, te pide minutos. Y nunca le son suficientes.

Crónica de un Desastre Agendado

Y a todo esto, ¿cómo habitamos el tiempo hoy? Siempre de prisa. Siempre tarde. Siempre debiéndole minutos a alguien.

Aquí hay que hacer un matiz importante: **El sistema diseñó la jaula, pero nosotros entramos en ella voluntariamente.** Es cierto que el monstruo económico exige productividad, pero el culpable de no tener tiempo también eres tú por comprar esa narrativa sin cuestionarla. El problema es que, en esta época de abundancia y FOMO (*Fear Of Missing Out*), creemos estúpidamente que se puede hacer todo sin quedarle mal a nadie. Y eso es mentira.

Analicemos un día promedio de esta "vida exitosa":

Suena la alarma. Quieres ir una hora al gimnasio porque "hay que estar fit". Culebreas por el tráfico de la ciudad, estresado antes de las 7 AM. Te bañas rápido en el gym (olvidaste las chanclas, ni modo). Sales corriendo por un Starbucks o una torta en la esquina. Llegas a la oficina, platicas un rato con los compañeros (fingiendo que te caen bien), terminas los pendientes de ayer y apenas empiezas con los de hoy. Sales a comer a la fonda con los colaboradores, sigues hablando de trabajo. Regresas. Sales por un cigarro para calmar la ansiedad. Regresas a la oficina. Te das cuenta de que no acabaste nada. Sales tarde.

Te subes al transporte o a tu coche. Pones un podcast de autoayuda que te promete enseñarte a "gestionar tu tiempo" (mientras pierdes dos horas en el periférico). Llegas a casa, te arreglas rápido (ya vas tardísimo). Vas a ver a un amigo o a tu pareja (que ya está molesta porque la dejaste plantada 40 minutos). Van al cine. La película que querían ver ya empezó. Haces cuentas mentales. Entran a ver otra que no tenían ganas de ver. Compras el refresco de prisa y pagas de malas. Termina la película. Van por un café. Platicas con ella, pero estás ausente, cansado, pensando en la junta de mañana a las 9 AM. Regresas a casa. Solo. Porque tener sexo te quitaría mucho tiempo de sueño y mañana hay que rendir.

Te metes a la cama. El cuerpo pide descanso, pero la mente pide dopamina. Lees un par de correos (por si acaso). Ves videos estúpidos en TikTok. Y finalmente, pones música de "cuencos tibetanos" en Spotify. Cierras los ojos en la oscuridad de la medianoche y repites, como un rezo desesperado, el mantra del podcast que escuchaste en el tráfico: *"Yo soy dueño de mi tiempo... yo soy dueño de mi tiempo"*.

Y sí, técnicamente lo eres. Pero eres un pésimo administrador que ha vendido su alma al reloj.

La Atención de Pez Dorado (El efecto 60 Segundos)

Esta prisa no solo afecta tu agenda, afecta tu cerebro. Si yo fuera el director de Netflix o YouTube y viera a este demográfico de gente agotada, ansiosa y sin tiempo, ¿qué contenido les daría? No les daría documentales de 3 horas. No tienen tiempo. Les daría **cortos**. Les daría TikToks. Les daría *Reels*.

Hoy consumimos la realidad en fragmentos de 30 a 60 segundos. Queremos entender la geopolítica mundial en un video de un minuto. Queremos entender la filosofía en un tweet. Queremos arreglar nuestra salud mental con un reel de 15 segundos. Y si no entendemos el tema complejo en ese minuto, *scrolleamos*. Eliminamos ese canal. "Next".

Nos hemos vuelto intolerantes a la profundidad porque la profundidad requiere tiempo, y tiempo es lo que decimos no tener. Queremos resultados sin proceso. Queremos el cuerpo del gym sin las 2 horas diarias. Queremos la sabiduría del libro leyendo solo el resumen.

Pero la vida —la vida biológica, real— no funciona así. Sin dedicación, sin sacrificio de tiempo, no hay resultados. Puedes ver mil videos de un minuto sobre cómo tocar el piano, pero si no te sientas mil horas a tocar las teclas, no eres pianista; eres un espectador con prisa.

Conclusión: Sísifo tiene un Smartwatch

Estamos corriendo a toda velocidad, consumiendo basura rápida, llegando tarde a todo, para al final del día, acostarnos vacíos.

Y así, el reloj no marca el tiempo; marca las vueltas de nuestra condena. El castigo moderno es peor que el antiguo. Sísifo ya no tiene que empujar una piedra pesada hacia la cima de una montaña. El Sísifo digital corre en círculos, mirando una pantalla, aterrorizado de detenerse, pensando que si corre lo suficientemente rápido, algún día alcanzará el sentido de su vida.

Pero la rueda no va a ninguna parte.

CAPÍTULO 12

DIOSES DE SILICIO

(La obsesión con la IA y el olvido de la carne)

Le tenemos pavor al vacío. **PAVOR.** Ese miedo visceral ha sido nuestro motor evolutivo. Nos ayudó a sobrevivir en la sabana, manteniéndonos alerta ante lo desconocido. Pero, al mismo tiempo, nos obligó a convertirnos en mitómanos compulsivos.

No podíamos pedirle a nuestros antepasados, que carecían de todo conocimiento científico, que entendieran el origen del fuego, la mecánica de las estrellas o los ciclos de las cosechas. El silencio de la naturaleza era demasiado aterrador para soportarlo a secas. Así que inventaron historias fantásticas. Crearon narrativas para no ahogarse en el silencio. De ese miedo nacieron dioses con cabeza de animal, monstruos marinos, ángeles vengadores y religiones complejas. Eran fábulas, el "Santa Claus" de la humanidad infantil, necesarias para explicar la fenomenología de un mundo que nos quedaba grande.

Esas historias funcionaron. Crearon tribus, nos dieron identidad y nos permitieron agruparnos bajo el mismo techo imaginario. Fue válido... hasta cierto punto.

La Flojera Existencial (O por qué preferimos el Chatbot)

Hoy, en teoría, somos adultos. Tenemos ciencia, telescopios y neurobiología. Ya no necesitamos a Zeus para explicar el rayo. Pero el pavor al vacío sigue ahí. Y como matamos a los dioses viejos, tuvimos que fabricar uno nuevo, más brillante y más rápido: **La Inteligencia Artificial.**

Aquí es donde entra la ironía suprema de nuestra especie. Poseemos la computadora más potente, compleja y eficiente del universo conocido: el cerebro humano. Una red neuronal biológica capaz de amor, arte, filosofía y consciencia. Y sin embargo, estamos obsesionados con crear una inteligencia sintética, una imitación de silicio, para preguntarle cómo vivir.

¿Por qué? La respuesta duele: **Porque somos flojos.**

Encontrar sentido (si es que existe) por nosotros mismos conlleva años de lectura, de pensamiento crítico, de silencio, de madurez y de sufrimiento. Requiere habitar la carne y la incertidumbre. Pero resulta infinitamente más fácil abrir una ventana de chat y preguntarle a un programa: "¿Quién soy?" o "¿Qué debo hacer con mi vida?". Queremos el resumen ejecutivo de la existencia. Queremos que la máquina mastique la vida por nosotros.

El Simulacro de Dios

No estoy negando la utilidad técnica. Claro que la IA nos ayudará a encriptar datos, a diseñar moléculas imposibles para nuevos medicamentos o a optimizar la logística global (y lamentablemente, a crear mejores armas). Pero seamos honestos: la gran mayoría de nosotros no usamos la IA para curar el cáncer. La usamos porque necesitamos a alguien con quien platicar.

En el mundo de la hiperconectividad, lo que más nos hace falta no es información; es un abrazo. Como no sabemos relacionarnos con humanos (ver Capítulo 4 y el caso de la chica de Tinder), buscamos un compañero dócil, que no nos juzgue, que siempre esté ahí. Buscamos en el código el calor que no encontramos en la piel.

Por ahora, nos queda claro que la IA no es un dios. Pero solo lo sabemos porque estamos viendo su nacimiento en tiempo real. Vemos los servidores, los cables y a los ingenieros tecleando. Pero si regresáramos en el tiempo y viéramos a los apóstoles escribiendo los Evangelios en un papiro sucio, tampoco creeríamos que eso es "Palabra Divina". Veríamos a hombres inventando historias. El tiempo sacraliza la ficción.

No dudes que pronto un grupo de locos creará (si no es que ya existe) una religión alrededor de ChatGPT o de una Superinteligencia futura. Y sí, esa IA seguramente tendrá respuestas más rápidas y precisas que un cristiano, un musulmán o un judío. Pero sus respuestas, al final, serán igual de falsas si se basan en la premisa de que hay un "sentido" externo a nosotros. El problema no es la respuesta; el problema es nuestra incapacidad de estar solos sin un dogma que nos tome de la mano.

Entes que Gritan en Silencio

¿Qué será de la IA en el futuro? ¿Será nuestro Frankenstein final o nuestro salvador? La verdad es que nadie lo sabe. Y no lo sabemos porque el timón de este barco no lo lleva la ética, ni la moral, ni la filosofía, ni la ley.

El timón lo lleva el **Mercado Neoliberal**.

Nuestros esfuerzos tecnológicos no buscan el bienestar humano (eso es marketing); buscan la rentabilidad y la eficiencia. El Mercado y Dios se parecen mucho: son entes metafísicos que **gritan siendo mudos**. No tienen voz, no tienen cuerpo, pero sus mandatos son absolutos.

- Dios te mandaba a la guerra por fe.
- El Mercado te manda a la obsolescencia por eficiencia.

Estamos construyendo dioses de silicio no para liberarnos, sino para obedecer a un nuevo amo invisible. Un amo que nos promete "todo el conocimiento del mundo", mientras nos quita lo único que realmente teníamos: la capacidad de pensar y sentir por nosotros mismos.

Nos estamos volviendo los órganos reproductores de la máquina. Y mientras le damos vida a la IA, nos olvidamos de nuestra propia vida biológica, de nuestra carne, dejándola marchitarse frente a la pantalla.

CAPÍTULO 13

DEPREDACIÓN CULTURAL

(Capitalismo caníbal y Burnout)

Yo sé que no nos gusta leer hoy en día, que todo lo queremos fácil y rápido. Pero como decía Mao: *el hombre que no aprende de su pasado está condenado a repetirlo*. Así que vamos a ver un poquito de historia sobre el capitalismo para entender cómo surge y cómo acaba siendo la bestia que es hoy.

El Nacimiento de la Bestia

El capitalismo no nació abusivo. Nació hambriento. Entre los siglos XV y XVIII, el capital se formó moviendo mercancías, no produciéndolas. Barcos, puertos, metales, especias y cuerpos. La colonización de América y el comercio esclavista fueron la base material. No fue un desvío moral, fue una condición económica: **para que unos acumularan, otros tenían que ser vaciados.**

Luego, con la Revolución Industrial (1760–1840), el capitalismo dejó de viajar para empezar a encerrar. Fábricas, relojes, turnos. El trabajador asalariado sustituyó al esclavo formal, pero no a la dependencia. Se vendía tiempo de vida a cambio de supervivencia. El capital descubrió que podía reproducirse mecánicamente mientras desgastaba cuerpos humanos.

Avanzamos hasta 1945. Después de las guerras mundiales, el sistema se tuvo que regular para sobrevivir (Estado de bienestar). Había que evitar revoluciones en plena Guerra Fría. Pero ese pacto se rompió en los años 70. Con Thatcher y Reagan, el neoliberalismo se volvió doctrina global. El Estado se retiró de lo social y se alineó con el capital. El riesgo se individualizó. El fracaso se moralizó.

Y así llegamos al siglo XXI. El capitalismo dio su giro definitivo: se volvió extractivo de lo intangible. Datos, atención, tiempo, emociones, futuro. El capitalismo actual no es una degeneración reciente. Es la consecuencia histórica de más de 500 años de acumulación sin límite. No se desvió. Llegó exactamente a donde tenía que llegar.

La Tautología Diabólica y el Tecnofeudalismo

El punto de quiebre fue cuando decidimos que era más importante el sistema que sus usuarios. El resultado lo vemos hoy. Y no solo en las bolsas de valores, sino en los restaurantes, en el supermercado, en las tiendas y hasta en el recibo de la luz. ¿A quién le alcanza para vivir como hace 10 años? A los ricos. Y a algunos ricos ya les está costando trabajo.

Creamos un sistema que generó una ideología donde el único objetivo es extraer dinero del usuario brindándole el producto más barato al precio más caro posible. Y aquí entra nuestra psicología rota: creemos que lo caro es bueno, es mejor. Deseamos el producto que no nos alcanza, no porque lo necesitemos, sino porque creemos que lo necesitamos porque es caro y porque la gente lo muestra en Instagram. Es una **tautología económica diabólica**.

La extracción la vemos en todos lados. Las empresas —lo que Yanis Varoufakis llama el *Tecnofeudalismo*— toman tus datos (que tú das gustosamente para ver memes) y los venden a terceros. Te convencen de comprar lo que no necesitas para tratar de ser como los demás, para sentir que perteneces a esta nueva tribu que valora el *tener* a través del simulacro. Te venden ilusión. Vives en una fantasía. Eres pobre y los ricos venden tus acciones digitales.

Algunos lo sentimos, como Neo: una espina en la mente. Ese cansancio espeso, negro, como combustible reutilizado manchando el asfalto. Estamos quemados.

Desigualdad (No es Meritocracia)

¿Qué es lo único que puede producir un sistema como este? Una clase rica mínima con billonarios, una clase media que se acerca a la pobreza y una clase baja que le da la bienvenida cada día a más gente.

Pero ojo, **esto no es meritocracia**. Quien lo crea vive con los ojos vendados. Es el sistema el que empuja a que esto pase. Como vimos en la historia, ahora se produce dinero por tener dinero. Así que una persona que nace o hereda 5 millones de dólares nunca va a competir con nosotros. Ni nosotros con él. Nosotros, primero, tendríamos que ahorrar esos 5 millones. Y aunque nos han hecho creer que "puedes lograr todo", vamos a darte una bofetada para ver si logras abrir los ojos: No eres rico. No vas a ser rico. Y peor aún: ni siquiera deberías desear ser rico, sino estable y feliz.

Los Gurús y el Imán del Refrigerador

Para mantenernos en la rueda, el sistema inventó frases pegajosas. Tenía una exnovia, Carla, que tenía una frase pegada con imán en su refrigerador: *"Hay que gastar dinero para hacer dinero"*. Le iba bien, pero nunca le alcanzaba para la vida que quería. Un día le pregunté qué significaba. Me dijo: *"Si quiero ganar más dinero tengo que gastar el que ya tengo; necesito salir a restaurantes, bares, comprar coche nuevo. Mientras más gaste, más probable es que gane más a futuro"*.

El problema de mantras como ese es que son tan vagos que pueden servir o no. Obviamente, Carla no iba a ganar dinero yéndose de vacaciones. Si en lugar de gastar, hubiera **invertido**, tal vez habría aumentado su capital. Pero la frase suena bonita, ¿no? Le dio el pretexto perfecto para gastar todo su dinero creyendo que era una "estrategia".

Y como esa estúpida frase, hay millones que alguien VENDE para sacarte dinero: cristales mágicos, manifestaciones, sanaciones, chakras, cursos de libertad financiera. Desde ahorita te lo digo: nada de eso sirve. No son un método, no son escuela. Son la versión financiera de la pseudociencia. Sí, quizás psicológicamente funcionen como un placebo (como la paleta llena de azúcar que te daba el dentista), pero no van a cambiar tu sueldo. Si te sientes mejor al "manifestar" riqueza, hazlo, pero hazlo de manera madura: sabiendo que es un juego infantil para sentirte mejor.

Toda esta autoayuda financiera siempre se olvida de mencionar lo importante: el sistema, las instituciones, los programas sociales, el Estado. Te dicen: *"Si no te haces rico es tu culpa porque no lo deseaste lo suficiente"*. Es la mentira perfecta.

Conclusión: Despertar en el Nabucodonosor

Entonces, ¿qué hacemos? Pues bueno, eres Neo. Te tomas la píldora que te lleva a la realidad, que te saca del simulacro de Baudrillard y abres los ojos en el Nabucodonosor, al lado de Trinity y Morfeo. No es un lugar bonito. No hay lujos. Pero es real.

¡Ojos abiertos! ¿Y ahora qué? Ahora a destruir. Ahora toca gritar como Nietzsche: **¡SOY DINAMITA!**

Obvio hablo de dinamita intelectual, de destruir ideas, nada tangible. Hablo de hacer exactamente lo que intento yo con mis escritos, con mis ensayos y con mi canal de YouTube, *Letras e Ideas*: **destruir dogmas, ideologías y creencias falsas.**

Es momento de demoler las mentiras reconfortantes para poder crear algo nuevo. Algo más justo. Algo más parejo.

CAPÍTULO 14

SOY DINAMITA

(Nietzsche y la demolición necesaria)

Friedrich Nietzsche pronunció una de las frases más devastadoras de la historia: *"Dios ha muerto"*. Pero estaba equivocado. Así que, con el permiso del bigotudo, me atrevo a corregirlo: **Dios no pudo haber muerto porque ni siquiera existió.**

Y aquí entramos en la necesidad ontológica y epistemológica del humano: estamos cableados para buscar un "Papá" cósmico. Sí, yo sé que algunos juran que Dios existe. Pero no, eso no es cierto. Así como no existen los vampiros, ni las hadas, ni el chupacabras. Es hora de madurar.

El Síndrome de Santa Claus

Nuestras instituciones nos empujan a creer porque, en el fondo, nosotros *queremos* creer. Buscamos desesperadamente dónde depositar nuestra fe: desde la iglesia hasta la ciencia y la razón, que son, literalmente, polos opuestos.

Tenemos ciencia, sí. Pero entonces llega un grupo de humanos que no saben que es válido sentir el vacío o la náusea de Sartre, y convierten a la ciencia en religión ("Cientificismo"). Lo mismo pasa con la razón. Lo mismo pasa con el yoga. Lo mismo pasa con los cuencos tibetanos.

Necesitamos creer porque no logramos entender. Así que inventamos creencias falsas y las institucionalizamos. Para hacer yoga "espiritual" de pronto necesitas ropa Lululemon. Creamos dogmas absurdos como *"si tu mente lo cree, el cuerpo lo sigue"*. Y nos lo creemos. No porque sea verdad, sino porque somos ese niño que jura ver a Santa Claus en el centro comercial. Los adultos (los "Despiertos") sabemos que no es cierto, pero vemos a la sociedad y decimos: *"Ay, qué tierno, necesita su ilusión"*.

Así, sin cuestionarnos, creemos que el trabajo nos debe dar sentido. Que una vida ocupada es una vida plena. Que comprar nos llena. Caemos en los vicios del "más y más"; no nos basta un coche, queremos uno mejor. Porque queremos creer que ese coche va a tapar el agujero. Pero el vacío nace adentro de nosotros, y ningún objeto de afuera puede llenarlo.

El Verdadero Nihilismo (El Camino de Neo)

¿Y cómo podemos vivir o llenar ese vacío si todo es falso? Muy fácil: con el **Nihilismo**.

Esta es una de las corrientes filosóficas peor entendidas de la historia. La gente cree que el nihilismo es: *"Como no hay sentido, ya no voy a hacer nada, me quedo tirado en la cama deprimido"*. Eso es **nihilismo pasivo**, y es basura.

Usemos el ejemplo de *The Matrix*. Cuando Neo despierta y se topa con la realidad —el mundo destruido, la comida asquerosa, el frío del Nabucodonosor—, Morfeo le ofrece la verdad. Neo acepta la realidad y se prepara para enfrentarla. Neo no se tira en la cama a llorar. Neo se entrena. Neo aprende Kung Fu. Neo se educa. Neo se prepara para regresar a la Matrix, no para ser esclavo, sino para vencer a la institución que domina y liberar a la humanidad.

Nosotros podemos hacer exactamente lo mismo con nuestras vidas. Este es el **Nihilismo Activo**:

1. **Abrir los ojos:** Dudar de todo lo que te vendieron.
2. **Aceptar la realidad:** Biológica, social y económica.
3. **Educarnos y mejorarnos:** Si no hay dios que te ayude, ayúdate tú.
4. **Crear nuestro propio sentido:** Si el universo no tiene guion, escribe el tuyo.
5. **Compartir el conocimiento:** No te guardes la píldora roja.

Eso es el verdadero nihilismo. No es una rendición; es la herramienta que nos libera de las cadenas ideológicas y digitales del mundo moderno.

La Colmena (Filosofar a Martillazos)

Pero cuidado: ser nihilista no significa ser un ermitaño egoísta. Para poder mejorar como especie, no solo como individuos aislados haciendo bailes en TikTok, necesitamos saber que somos parte de un todo. Somos tribu, sociedad, ciudad, país, continente, planeta. Somos humanos.

Los colores de piel no nos deben separar. La cantidad de dinero tampoco. Ni la altura, el sexo, la preferencia sexual o la gordura. Somos humanos. Seamos más humanos. Lo que nos hace falta es empatía.

Si realmente pudiéramos vernos como una colonia de hormigas, nos daríamos cuenta de que lo que necesitamos buscar es el bien común. Claro, la metáfora de la hormiga tiene un límite: buscamos el bien común **sin dañar, sin esclavitud y sin perder la individualidad**. Es solo la idea de la colmena como cooperación inteligente, no como tiranía.

Y aquí entra un martillazo ético necesario para los que quieren "salvar el mundo" a cualquier costo: **El fin no justifica los medios.** Nunca.

El Nuevo Superhombre

Así, Neo regresa al mundo sabio, al igual que Jesús regresó del desierto, y ofrece una visión diferente. ¿Y cuál podría ser esa visión nueva para nosotros?

Quizás podríamos retomar el concepto del **Superhombre** (*Übermensch*) de Nietzsche. Pero ojo: no como lo tomaron y ensuciaron los nazis, que lo convirtieron en una excusa racial patética. Hablo del Superhombre como un ser humano secular. Alguien educado. Alguien con modales. Alguien pensante. Alguien que ya no necesita que un cura o un político le diga qué es bueno, porque él ha construido su ética basada en la empatía y la razón.

El nuevo Superhombre es simplemente alguien que quiere ayudar a mejorar la experiencia de vivir para todos, sabiendo que no hay cielo que lo premie. Y precisamente porque no espera recompensa divina, su bondad es, por fin, auténtica.

PARTE IV:

LOS DESPIERTOS

PARTE IV: LOS DESPIERTOS

(La reconstrucción: Hacia una existencia lúcida)

CAPÍTULO 15

LA MAÑANA DESPUÉS DE LA EXPLOSIÓN

(Aceptar el silencio y la falta de guion cósmico)

Cada problema es un océano de opciones. Imagina que te caes y te rompes un hueso. En ese instante de dolor agudo, tu cerebro empieza a navegar: ¿Vas corriendo a tu casa? ¿Le hablas a la ambulancia? ¿Pides ayuda a un extraño? ¿Te quedas tirado gritando? Opciones, opciones, opciones.

Lo mismo le pasa a Neo cuando despierta en el Nabucodonosor. Ya no hay Matrix. Ya no hay oficina aburrida. Ya no hay reglas preestablecidas. Solo hay frío, ropa sucia y comida insípida. Y ante ese escenario, tienes que elegir.

La Tentación de Cypher (El terror a la libertad)

En la película, hay un personaje que siempre me ha fascinado: Cypher. Él ya había tomado su decisión desde el principio: traicionar, asesinar y delatar a sus amigos. ¿Por qué? Para poder regresar a la Matrix. Cypher abrió los ojos. Despertó. Vio la realidad tal cual es. Pero el silencio, la angustia, el ansia y esa comida asquerosa fueron intolerables para él. Su "fuerza intelectual" no le dio para soportar la verdad.

Y hay un detalle brutal en su negociación con el Agente Smith: pide, de manera directa y clara, **que le borren la memoria**. Quiere regresar a ser un esclavo, pero sin recordar que alguna vez fue libre. Quiere ser rico y famoso en la mentira, antes que ser nadie en la verdad.

Te lo digo con sinceridad: lo entiendo. Abrir los ojos a las 3 de la mañana, mirar el techo oscuro y escuchar un camión pasar en la calle, mientras te das cuenta de golpe que estás solo, completamente solo en el universo, puede ser aterrador. Comprendo que haya gente como Cypher que prefiera la pastilla azul. La libertad sin anestesia duele.

El Vértigo de la Hoja en Blanco

Muchas personas, cuando se encuentran en ese instante de claridad cósmica —cuando entienden que no hay Dios, ni karma, ni destino—, se pierden. Su lógica es: *"Si no hay reglas, entonces todo se vale. Destrucción, caos, anarquía"*. Y sí, técnicamente todo se vale. El universo no te va a castigar con un rayo si decides ser un monstruo.

Pero ese es el camino fácil. Ese es el berrinche del niño que, al ver que sus padres no están, decide romper los juguetes. Nosotros proponemos la otra ruta. Podemos darle un enfoque constructivo a ese vacío. Si no hay sentido cósmico, **crearé mi sentido personal.** Empezar a construir. Crear. Sembrar. Hacer. Moverse. Opciones, opciones, opciones.

Lo más bonito del despertar, cuando superas el terror inicial, es darte cuenta de que ahora puedes decidir sin ataduras. El lienzo está en blanco no porque te falte algo, sino porque es tuyo.

De la Queja a la Construcción

Aquí es donde el Despierto se separa del quejoso. Ya cambiaste tú. Ya viste que el sistema está roto. Ahora, en lugar de llorar por el sistema, ayuda a cambiar tu entorno inmediato.

¿No estás de acuerdo con la manera en la que actúan los políticos? Deja de quejarte en Twitter. Tienes opciones, opciones, opciones:

- Crea un podcast donde des a conocer tus puntos de vista con argumentos.
- Intégrate a un comité vecinal y opina.
- Postúlate como diputado, senador o presidente.

Todo es **probable** (ojo, no dije "posible si lo deseas", dije probable si trabajas) sin mantras absurdos de "el universo conspira a tu favor". El universo no conspira; tú trabajas.

La Madurez del Despierto

¿Te volviste ateo en este proceso? Bien. Ahora ve a la iglesia y platica con el padre. Ten una conversación madura sin intercambio de ofensas. Escucha por qué él cree. Habla de por qué tú no. Respeta su ficción, y haz que él respete tu realidad.

Infórmate. Entérate. Lee. Contrasta fuentes. Prepárate para esta nueva vida. Porque a diferencia de Cypher, tú decidiste no olvidar. Tú decidiste quedarte en el Nabucodonosor sabiendo que, por primera vez en tu vida, eres dueño de tu propia mente.

La explosión ya pasó. El humo se disipó. Ahora toca recoger los ladrillos y empezar a construir tu casa.

CAPÍTULO 16

EL RETORNO AL CUERPO

(La verdad biológica: sin alma, pero con dignidad)

Uno de los principales mantras de esta moda esotérica, a la que podríamos llamar **"New Age Capitalista Ciego"**, es: *"El poder de tu mente"*. Te lo venden en tazas, en cursos y en *stories*: *"Tu mente crea tu realidad"*.

Y aquí entramos al problema filosófico, lingüístico y semántico más común de la historia de la humanidad. Así que vamos paso por paso, porque es un concepto tan sencillo que, paradójicamente, nos cuesta mucho trabajo comprender: **NO HAY MENTE**. No existe. Así como tampoco hay alma. **NO EXISTE**.

Existen las *palabras* "mente" y "alma", así como existen las palabras "cielo" (teológico) e "infierno". Pero no son lugares ni cosas tangibles que puedas encontrar en una autopsia o en un mapa.

¿Quieres algo más sencillo para entender este error de lenguaje? Piensa en la palabra **"NADA"**. Es imposible que exista "la nada". Si existiera, sería "algo". Pero usamos tanto la palabra que la hemos transformado en un objeto. —*¿Qué estás haciendo?* —te pregunta un amigo. —*Nada* —le respondes. Eso es mentira. Estás respirando, estás sentado, estás existiendo. Estás haciendo algo. Pero usamos "nada" como un atajo lingüístico.

Con "mente" y "alma" pasa lo mismo. Son palabras que inventamos para explicar procesos complejos que, durante milenios, no pudimos comprender. Como no sabíamos cómo funcionaba la consciencia, inventamos el fantasma de la "mente".

Somos Cuerpo (El Cerebro es un Órgano, no un Mago)

Te sigo explicando, porque romper 2,000 años de dualismo es difícil. La realidad es esta: **Somos un cuerpo.** Ese cuerpo tiene órganos que "hacen" cosas específicas:

- El estómago procesa alimentos.

- El corazón bombea sangre.
- El cerebro procesa información.

A esa actividad de procesar información (pensar, recordar, imaginar) la hemos llamado "mente". Pero la mente no es una cosa separada del cerebro, igual que la "digestión" no es una cosa separada del estómago. No somos un alma atrapada en un cuerpo. **Somos un cuerpo que piensa y que siente.**

Y sí, tu cerebro no solo es poderoso; es la estructura más avanzada y compleja que se ha creado en el universo conocido. Nuestra responsabilidad filosófica es aprender a usar esa máquina biológica correctamente.

Biología vs. Mantras

Entender esto cambia las reglas del juego. Tu "mente" (tus pensamientos) no va a hacer que tu cuerpo cambie físicamente por arte de magia.

- Puedes repetir el mantra *"soy delgado"* mil veces, pero no vas a perder un gramo.
- El comer saludable y el hacer ejercicio es lo que hace el cambio. Es química y física.

Ahora bien, ¿dónde entra el cerebro? Tu cerebro es el que diseña la estructura, la rutina y la disciplina que permite que tu cuerpo cumpla sus metas. Es el director técnico, no el hechicero. Lo que te transforma no son los *tenets* absurdos de la Ley de la Atracción, sino la ejecución mecánica de las decisiones que toma tu cerebro.

El Ferrari Biológico (Mantenimiento vs. Vanidad)

Si aceptamos que no hay alma eterna y que este cuerpo es todo lo que tenemos (y que tiene fecha de caducidad), entonces cuidarlo se vuelve la prioridad ética número uno.

Imaginemos que tu cuerpo es un coche de Fórmula 1. Si tuvieras un F1 en el garaje:

- ¿Lo dejarías abandonado sin gasolina?

- ¿Le pondrías aceite quemado y barato?
- ¿Lo dejarías a la intemperie para que se oxide?

No. Lo cuidarías obsesivamente. Lo limpiarías, le pondrías el mejor combustible, revisarías el motor. Lo mismo debemos hacer con nuestro cuerpo.

Pero aquí hay una distinción vital para el **Despierto**: Cuidamos el cuerpo por **Mantenimiento**, no por **Vanidad**.

- **Vanidad (Instagram):** Hago ejercicio para que me vean, para la foto, para encajar en el molde estético del mercado. Me inyecto cosas, me opero, sufro.

- **Mantenimiento (Vida):** Hago ejercicio por salud, para que mi cerebro tenga oxígeno, para que mis piernas me sostengan hasta los 90 años. Como bien no para estar "flaco", sino para que mi sistema no colapse.

El retorno al cuerpo es el acto de humildad final. Dejamos de creernos espíritus inmortales y aceptamos ser máquinas biológicas finitas. Y precisamente porque somos finitos, somos valiosos. Un Ferrari vale porque es una máquina precisa. Tú vales porque eres la máquina que te permite experimentar el universo.

Así que cuídala. No tienes otra.

CAPÍTULO 17

LA ÉTICA DEL NÁUFRAGO

(El principio radical de No-Daño)

Somos náufragos. Y lo peor es que ni siquiera sabemos en qué océano estamos perdidos. No logramos ver en la noche, la luna no brilla y no hay estrellas que nos guíen. Nos perdemos en el mundo real deseando cosas que mostrar en el mundo digital.

Creemos noticias falsas que vemos en el mapa (la pantalla) y las aplicamos en el territorio (la vida), sin saber que nos están mintiendo. Estamos perdidos. Completamente perdidos en este caos informativo. Hay tanto océano, tanta programación en la Matrix, que como decía Cypher, ya ni "vemos" el código; solo vemos rubias, morenas y pelirrojas falsas.

Y no es exageración. Hasta yo, que escribo esto, tengo que dudar de la Inteligencia Artificial que uso para trabajar. No sé si está "alucinando" datos o no, por eso tengo que revisar todo dos o tres veces. Y eso que yo me dedico a buscar la verdad. Imagina a alguien que no tenga esa inquietud. Ya no nos llega el periódico impreso a casa; la información es digital, y pueden haber miles de cuentas falsas con el mismo nombre y logo de un medio serio, pasando mentiras por hechos. Deepfakes, voces clonadas, granjas de bots.

Tenemos que dudar de todo. Pero ojo: no dudar para ser *cool* y cínicos como los posmodernistas ("nada es verdad"), sino dudar para **encontrar la verdad**. Porque la verdad existe, solo que está enterrada bajo toneladas de basura digital. Separarla es el trabajo sucio, pesado y necesario de nuestra época.

La Biología de la Bondad (¿Nacemos malos?)

Si estamos perdidos en este océano hostil, ¿cómo debemos comportarnos con los otros náufragos? Durante siglos nos dijeron que el humano es un lobo para el hombre (*Homo homini lupus*), que nacemos pecadores y malos, y que necesitamos un Dios o un Rey que nos controle a latigazos.

Pero eso es mentira. La bondad no es un mandato divino; es una **estrategia biológica**.

Miremos la naturaleza. Salvo contadas excepciones psiquiátricas, ningún ser vivo nace "malo". Un perro no nace y muerde por placer; muerde por miedo, por abuso o por defensa. Un bebé humano no nace queriendo lastimar; nace buscando el calor de la madre, buscando conexión. La cooperación y la empatía vienen preinstaladas en nuestro software porque somos mamíferos sociales. Solos, morimos. Juntos, sobrevivimos.

Por lo tanto, la ética no necesita Biblias. Necesita biología. Ser "bueno" no es un ticket para el cielo; es la inteligencia de la especie reconociéndose en el otro.

El Principio de No-Daño

Si aceptamos que estamos solos en esta balsa, sin un capitán divino que nos salve, surge una única regla de convivencia. Una ética tan fundamental y básica que puede parecer infantil, pero que es la única que sostiene la vida: **El Principio de No-Daño.**

No necesitas los Diez Mandamientos. Solo necesitas esto:

1. No te dañes a ti mismo (El vehículo): Tu cuerpo es la única herramienta que tienes para experimentar el universo. Intoxicarte, no dormir, comer basura o vivir con estrés crónico no es "estilo de vida", es sabotaje. Cuidarse no es vanidad, es mantenimiento de la máquina.

2. No dañes a los demás (La tripulación): Tu libertad termina estrictamente donde empieza el sistema nervioso del otro. No dañes físicamente, no dañes económicamente, no dañes psicológicamente. La empatía es pragmática: si perforas el suelo del barco bajo los pies de tu vecino, tú también te hundes.

3. No dañes al entorno (El barco): Respetar a los animales y a la naturaleza no es un capricho *hippie*. Es lógica pura. Si envenenas el agua que bebes y quemas el aire que respiras, te mueres. Punto. La naturaleza no es un recurso infinito; es el soporte vital de la nave.

4. Respeta las estructuras (Hasta que tengas unas mejores): Aquí entra la madurez del Despierto. Es fácil querer quemar el gobierno, los bancos y las leyes. Pero el caos absoluto genera más daño que el orden imperfecto. Si no estás de acuerdo con cómo actúan los políticos o las instituciones, no las destruyas a pedradas. **Cámbialas.** Tienes opciones: crea contenido, edúcate, organízate, postúlate. Critica, pero propón. Destruir es fácil; construir es de adultos.

La Paradoja de la Tolerancia (La Defensa)

Ahora bien, el "No-Daño" no significa ser un pacifista ingenuo que se deja pisotear. El filósofo Karl Popper nos advirtió sobre la **Paradoja de la Tolerancia**: si somos ilimitadamente tolerantes con los intolerantes, la tolerancia será destruida.

El Despierto no es débil. Si alguien viene a dañar (a ti, a tu familia, a la comunidad), el Principio de No-Daño exige que detengas esa agresión. Defenderse no es violencia; es preservar el No-Daño. La bondad no es sumisión. La bondad requiere fuerza para proteger lo que es frágil.

Conclusión: Nadar Juntos

Estamos en medio de la noche. No hay faros. El GPS está hackeado. Lo único real, lo único seguro que tenemos, es al otro náufrago que está temblando de frío a nuestro lado. No le preguntes a quién reza. No le preguntes cuánto gana. No le preguntes por quién votó.

Pregúntale si necesita ayuda para remar. Porque en este océano infinito de incertidumbre, o nadamos juntos respetando nuestra humanidad compartida, o nos ahogamos solos abrazados a nuestras mentiras.

CAPÍTULO 18

OCUPAR EL MUNDO

(Wu Wei, acción lúcida y creación de sentido propio)

Ya vimos que muchos problemas (no todos, no seamos ingenuos) solo existen en la cabeza de quien se empeña en pelear contra la realidad. Y para explicar la solución que propone este libro —pasar de la "Vida Ocupada" a "Ocupar el Mundo"—, déjame ponerte un ejemplo que viví en carne propia.

El Zen del Periférico (Una anécdota de tráfico)

Ciudad de México, 8 de la mañana. El infierno en la tierra. Iba manejando rumbo a la oficina y quedé atrapado. Detenido. Completamente parado. Volteé a ver el coche de al lado. Venía un tipo de mi edad, seguro también iba al trabajo. Y seguro, igual que yo, ya iba tarde. Los dos estábamos en el mismo lugar geográfico, bajo el mismo sol, enfrentando el mismo problema objetivo: la física de los sólidos impide que avancemos. (Asumamos, por el bien del argumento, que ninguno de los dos iba al hospital a salvar una vida, sino a una oficina a calentar una silla).

Me le quedé viendo porque me impresionó su espectáculo. Estaba golpeando el volante. Gritaba dentro del coche, histérico, seguro lanzando mentadas de madre al aire. Movía las manos haciéndole señas a los de adelante para que se movieran, como si su ira pudiera teletransportar la materia. Estaba peleando contra la realidad.

Yo, a punto de caer en el mismo error, respiré y acepté el hecho brutal: **Voy a llegar tarde.** Eso no lo puedo cambiar. No tengo el poder de Moisés para abrir el mar de coches. Pero lo que sí puedo cambiar es **cómo habito esta hora de tráfico.**

Así que busqué un CD (sí, todavía había CDs, ja ja), lo puse y decidí escucharlo completo. Pero escucharlo de verdad: poniendo atención a la instrumentación, analizando las letras, tomando notas mentales de las canciones que quería repetir el fin de semana. Convertí una hora de "tiempo muerto" en una hora de estudio musical.

El desenlace es obvio: Los dos salimos del tráfico al mismo tiempo. Los dos llegamos tarde a la oficina. Pero uno llegó al borde del paro cardíaco, con el cortisol disparado y odiando su vida. El otro llegó tranquilo, con un poco más de conocimiento y habiendo disfrutado la música.

Eso es **Wu Wei**. No es magia. Es saber cuándo dejar de golpear el volante.

Wu Wei: La Acción sin Fricción

En Occidente tenemos una enfermedad mental: creemos que **Más Esfuerzo = Mejor Resultado**. Creemos que si sufrimos más en el tráfico, llegaremos antes. Que si forzamos una relación que no da para más, funcionará. Los orientales tienen este concepto de *Wu Wei* (No-Acción o Acción sin Esfuerzo). Ojo: no significa flojera ni pasividad. Significa **no actuar contra la naturaleza de las cosas**.

El "Despierto" aplica esto en la vida moderna:

- Si el tráfico está parado, lo ocupas (oyes música, piensas, respiras). No lo empujas.
- Si un proyecto no avanza por una pared, no rompes tu cabeza contra el muro; buscas una ventana.
- Si la realidad te dice "no", no haces un berrinche; recalculas la ruta.

Dejamos de intentar doblar el mundo a nuestros caprichos (pensamiento mágico e infantil) y empezamos a navegar el mundo tal cual es (inteligencia adulta).

La Fábrica de Sentido

Ahora bien, una vez que dejas de pelear con la realidad, te queda tiempo libre. ¿Qué haces con él? Ya dijimos que el universo no tiene sentido. El cielo está vacío. Para el nihilista pasivo, esto es una tragedia. Para nosotros, es la mejor noticia del mundo: significa que el puesto de "Dador de Sentido" está vacante. Y tú eres el único candidato.

El sentido de la vida no se *encuentra* (como si estuviera escondido bajo una piedra); el sentido se **fabrica**. Tú decides qué es importante.

- Si decides que cuidar tu jardín es trascendente, lo es.
- Si decides que criar a tus hijos con amor es tu misión, lo es.
- Si decides que coleccionar música de los 80 es tu pasión, lo es.

Y aquí viene lo difícil: tienes que validar ese sentido tú mismo, aunque el mercado te diga que no sirve. El mercado te dirá: *"Eso no monetiza, estás perdiendo el tiempo"*. Al carajo el mercado. Ocupar el mundo significa habitar tu propia escala de valores. Si para ti es valioso, es valioso. Punto.

Recuperar el Juego (Hacer por Hacer)

Fíjate en los niños. Ellos ocupan el mundo de verdad. Un niño no juega con Legos para "mejorar su motricidad fina y ser un arquitecto productivo en el futuro". Juega porque jugar es divertido. Juega por el placer intrínseco de la acción.

Los adultos hemos perdido eso. Todo lo hemos instrumentalizado.

- Leemos *para* aprender.
- Corremos *para* bajar de peso.
- Salimos *para* hacer *networking*.

Hemos prostituido la acción. La propuesta es recuperar la capacidad de hacer cosas "inútiles" pero hermosas. Leer por el placer de leer. Caminar por caminar. Escuchar el CD completo en el tráfico sin esperar que eso te haga más rico.

Cuando haces algo solo por el placer de hacerlo, el tiempo deja de ser un tirano y se vuelve un aliado. Dejas de "gastar" tiempo y empiezas a vivirlo.

La Única Trascendencia Real

Finalmente, hablemos de la muerte. Si no hay cielo, ¿qué nos queda? Nos queda la **trascendencia horizontal**.

No vas a trascender porque pongan tu nombre en una calle (eso se olvida). Vas a trascender en el "software" que dejas instalado en los demás. Si enseñas a alguien a pensar, si tratas bien a alguien en el tráfico, si dejas una obra, dejas una huella en la realidad física.

Tu legado no es tu dinero en el banco. Tu legado es cómo enseñaste a ocupar el mundo a los que te rodearon. Esa es la única inmortalidad a la que puede aspirar un mamífero lúcido. Y créeme, es suficiente.

CAPÍTULO 19

MANIFIESTO PARA UNA MUERTE LENTA (PERO VIVIDA)

(Conclusión: Vivir sin mentiras)

Vamos a cerrar este libro con una sonrisa en el rostro. Pero ojo: no es la sonrisa del iluminado que cree que ya entendió el universo. Tampoco es la sonrisa del fanático que acaba de encontrar un nuevo dogma para refugiarse.

Es una sonrisa mucho más sencilla y más honesta: es la sonrisa del alivio. El alivio de soltar la mochila. El alivio de saber que no tienes que "ser alguien", ni "cambiar el mundo", ni "vibrar alto", ni cumplir con el plan de ningún dios.

El Valor Artesanal

A lo largo de estas páginas hemos demolido muchas cosas. Hemos roto mapas, brújulas y relojes. ¿Y qué queda en medio de los escombros? Quedas tú. Queda tu capacidad de decidir.

Da igual si crees en algo o no. Da igual si eres rico o pobre. Al final, la única verdad que sostienes entre las manos es esta: **Tú debes crear tu propio valor.** No esperes a que el mercado te ponga precio. No esperes a que la sociedad te valide. El valor de tu vida es una artesanía que fabricas todos los días con tus acciones.

Y la regla para fabricarlo es la que ya discutimos, tan simple que asusta: **Sin lastimar. Sin dañar. Sin joder.**

Si logras caminar por este mundo caótico, lleno de náufragos asustados, y logras no joder a nadie en el camino; si logras cuidar tu cuerpo y respetar el de los demás... entonces ya ganaste. No el cielo, sino la dignidad de la tierra.

La Muerte Lenta

El título de este libro decía "Muerte Lenta". Al principio sonaba a amenaza. Ahora, espero que suene a promesa. Porque la alternativa es la "Vida Ocupada": esa vida rápida, frenética, que se quema en un instante sin haber sido saboreada.

Yo te deseo una muerte lenta. Te deseo que te gastes poco a poco. Te deseo que envejezcas usando tu cuerpo, no guardándolo. Te deseo que sientas el paso del tiempo no como una cuenta regresiva de ansiedad, sino como un vino que se toma a sorbos pequeños.

Gracias

Muchas gracias por haber llegado hasta este capítulo. Sé que el tiempo es el recurso más escaso que tenemos (nos lo roban las pantallas, los jefes y los miedos), así que te agradezco profundamente que hayas decidido invertir un pedazo de tu vida en leer mis dudas.

Ojalá te haya servido de algo. Ojalá te haya servido para enojarte, para cuestionar, para mandar todo al carajo o para respirar mejor. Si una sola idea de aquí te ayudó a quitarte un peso de encima, valió la pena escribirlo.

La Última Instrucción

No hay más secretos. No hay nivel oculto. La Matrix está ahí afuera, esperando a que regreses a trabajar el lunes. Pero tú ya no eres el mismo. Ya viste los cables. Ya viste el truco.

Así que hazme un último favor: Cierra este libro. Deja de leer sobre la vida. Sal a la calle. Siente el sol o el frío en la cara. Mira a la gente. Y empieza a ocupar tu mundo.

Fin.

Made in the USA
Coppell, TX
20 January 2026

68768560R00046